Je remercie les poètes et artistes, québécoises et canadiennes, qui ont accepté de figurer dans cette petite anthologie, les collègues et amis qui ont bien voulu m'aider dans la préparation de ce numéro spécial, en particulier, Florence Cousin, Christopher Faulkner, Pierre Gobin, George Johnston, Denise Lachance, Irving Osterer, Dominique Rosse, Letty McIlhinney, Alvina Ruprecht, Pat Smart et Donald Smith. Je remercie également le vice-président à l'enseignement et à la recherche de l'Université Carleton, Monsieur James Downey, ainsi que Madame Naomi Griffiths, doyen de la Faculté des Arts et Monsieur Gilles Paquet, doyen sortant des Etudes Supérieures, grâce à qui j'ai pu obtenir une bourse du Conseil des Arts pour l'impression de ce recueil.

J'adresse enfin mes remerciements à l'équipe de l'atelier des Arts graphiques de l'Université Carleton à qui fut confiée la publication de *Femme Plurielle*.

Evelyne Voldeng

D1355234

SOMMAIRE

Traductions

              Evelyne VOLDENG

Illustrations

Chronologie sélective et comparative des principaux recueils de poésie publiés par les femmes-poètes canadiennes et québécoises depuis 1960.

Claire de Lune   Claire Guillemette-Lamirande

La poésie féminine au Canada contemporain

La poésie a toujours joué un rôle important dans la dualité culturelle canadienne à cause du fervent désir des deux principales ethnies de trouver leur identité à travers leurs poètes. C'est au début des années 60 que la poésie s'affirme comme une force agissante au sein de la société et ceci en partie grâce à la contribution des femmes-poètes dont les écritures s'imposent chaque jour davantage.

Les femmes ont joué un rôle non négligeable dans la prise de conscience par les poètes de cette mentalité post-coloniale, cette "mentalité de garnison" - comme l'a si bien définie Northrop Frye - qui pendant plusieurs décennies a entravé toute écriture poétique authentique dans les deux principales littératures du Canada. Que ce soit dans la littérature anglaise ou québécoise, l'on a assisté, chez les poètes, à une volonté de libération de l'influence culturelle de la France pour le Québec, de l'Angleterre et des Etats-Unis pour le reste du Canada. Parallèlement, les poètes ont tenté de s'affranchir de la sensibilité janséniste d'une part, de la sensibilité victorienne et puritaine de l'autre.

Chez les femmes-poètes canadiennes-françaises, Rina Lasnier qui a "longtemps chanté l'amour dans la solitude" a émergé avec *L'Arbre blanc* "dans la réalité d'un amour qui a vaincu sa solitude par le don de la parole à ceux qui en attendent leur délivrance[1]" tandis qu'Anne Hébert a exorcisé sa schizophrénie culturelle et religieuse par la prise de possession du pays mythique de l'enfance. Dans les années 50, Michèle Lalonde avec les poètes de l'Hexagone, a pris possession du pays, de la "Terre-Québec" et actuellement, nous assistons à la prise de possession du corps et de ses fonctions par les féministes. Ces femmes sont toutes, à divers degrés révolutionnaires: Anne Hébert, par la prise de la parole, Michèle Lalonde par la dénonciation du système capitaliste et les féministes par la condamnation du pouvoir sexiste.

Chez les Canadiennes anglaises, la poésie marquée de populisme des années 40 d'Anne Marriott, de Miriam Waddington, a annoncé la libération des formes et du langage ainsi que la libération sociale. Cette libération par la poésie s'exprime de nos jours par la voix plurielle des diverses écritures féminines qui participent de la poésie moderne ou post-moderne.

Cette poésie contemporaine peut être plus ou moins traditionaliste ou expérimentale comme celle de Nicole Brossard ou de Judith Copithorne. Elle peut se tourner nostalgiquement vers le primitivisme ou dénoncer la lutte des "Champs sauvages[2]" de notre civilisation contemporaine comme le fait Margaret Atwood. Elle peut être humaniste ou au contraire "universiste" dans un désir de communion avec la création tout entière. Elle est tantôt expression anarchique de la contre-culture, de l'underground littéraire ou de la propagande féministe au freudisme prolétarisant comme chez Gwen Hauser. Elle peut être poésie orale, chanson comme chez Denise Boucher, incantation hiératique et magique comme chez Gwen Mac Ewen. Elle peut être également poésie non-verbale ou partiellement verbale comme les arrangements picturaux de Judy Copithorne. Elle apparaît tantôt comme de savants exercices formels d'inspiration structuraliste comme chez les poètes de *La Barre du jour*, tantôt comme écriture au féminin, jaillissement délirant dont le centre est partout et nulle part.

Les femmes-poètes réunies dans ce numéro spécial de la revue *TESSONS*[3] représentent dans la mesure du possible cette voix plurielle et diversifiée de la poésie contemporaine au Canada. Cependant le recueil que nous présentons ne se veut pas une anthologie, oeuvre combien périlleuse à réaliser, surtout lorsqu'il s'agit de poètes contemporains que le critique le mieux intentionné ne peut évaluer qu'à travers des verres déformants de myope. Notre seul but, quelques mois après le congrès des femmes-écrivains du continent américain qui a réuni, côte à côte, autour de tables rondes, les femmes-poètes canadiennes et québécoises, a été de continuer ce rapprochement dans un recueil où s'expriment les inflexions plurielles de la voix de la "féminitude".

1. Cf. Eva KUSHNER, *Rina Lasnier*, (Seghers, 1969, p. 35)

2. Cf. Dennis LEE, *Savage Fields; An Essay in Literature and Cosmology* (Anansi, 1977).

3. Directeur Claude Vaillant, 24, rue des Promenades 22000 - Saint Brieuc, France.

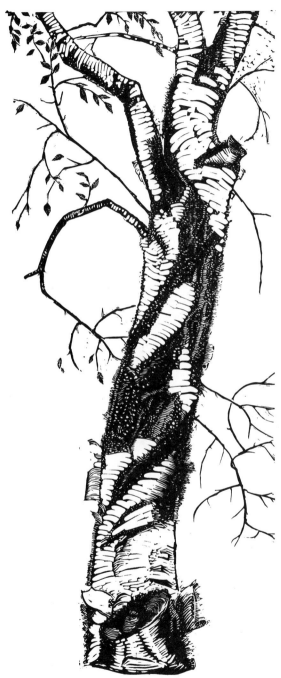

Fran Jones

La poésie féminine et féministe québécoise contemporaine

"Poésie, solitude rompue"
(Anne Hébert)

Si une poésie anémiée par l'académisme a prévalu au Québec jusque vers 1940, l'on assiste depuis quelques décennies à une succession rapide et accélérée de révolutions poétiques.

A la prise de conscience par Saint-Denys Garneau (1912-1943) et Jean-Aubert Loranger (1896-1942) de "l'asphyxie spirituelle" de leur génération a succédé le *Refus global* de Borduas, manifeste qui dénonçait les contraintes de tous ordres et ouvrait la voie aux explorations surréalisantes des automatistes. Celles-ci furent suivies à leur tour, dans les années 50 par *L'Age de la Parole* où la poésie est celle du "pays réinventé", poésie de l'appartenance, tantôt lyrique, tantôt écorchée vive, qui fit entendre sa voix jusqu'au début des années 70 où elle connut un regain au moment de la crise d'octobre et du décret des "Mesures de guerre" prises contre le Front de Libération du Québec. Les forces de l'opposition étant muselées, il échut aux poètes d'écrire les *Poèmes et chants de la Résistance*.

La poésie présente, écrite par les femmes du Québec, poésie dynamique et effervescente, est essentiellement variée et plurielle, souvent expérimentale. Parmi les femmes-poètes contemporaines, certaines comme Rina Lasnier, Suzanne Paradis et Cécile Cloutier, poètes du "voyage intérieur[1]" chantent le monde dans un langage métaphorique dense et raffiné. D'autres femmes-poètes telles Denise Boucher, Janou Saint-Denis, empruntent le plus souvent la voix de la tradition orale et populaire, mâtinée de poésie underground et contre-culturelle. Si certaines recherchent le réel intégral par la voie d'approche de la culture orale, d'autres, telles les poètes des revues *La nouvelle Barre du jour* et *Les Herbes rouges* se tournent vers les recherches formelles, vers l'écriture conçue comme aventure textuelle. Pour ces poètes structuralistes le poème devient une "partition" où "les mots sont des centres d'énergie auditive[2]" mais une partition atonale, résultat d'un travail subversif sur la syntaxe et la logique, et lieu d'un érotisme littéraire né de l'interaction de l'objet textuel linguistique et des pulsions sexuelles du sujet.

Ces femmes-poètes québécoises, qu'elles soient femmes de paroles ou alchimistes textuelles, sont toutes plus ou moins en quête d'une définition d'elles-mêmes et de la féminité. Plusieurs, Nicole Brossard, France Théoret, Yolande Villemaire, Louky Bersianik, Madeleine Gagnon, Denise Boucher, Janou Saint-Denis, entre autres, ont mis la diversité de leurs écritures au service de la cause féministe. Si le mouvement des écrivaines québécoises a dénoncé à ses débuts le phallocentrisme sur le mode virulent du pamphlétaire et du propagandiste c'est surtout au mode poétique qu'il a maintenant recours c'est-à-dire à "des écritures qui font descendre la conscience politique de l'oppression et de l'aliénation jusqu'aux racines de son assujettissement, jusqu'aux histoires individuelles nourries des fantasmes et des désirs de l'intime, jusqu'à son inconscience même.[3]"

D'une façon générale, qu'elles soient traditionalistes ou avantgardistes, c'est le plus souvent le mode protéiforme de la poésie que les femmes-écrivains du Québec ont choisi pour traduire leur quête d'une parole et d'une écriture qui leur soient propres.

1. C'est ainsi que Paul GAY qualifie ces poètes dans son ouvrage *Notre poésie; panorama littéraire du Canada français* (Edition Hurtubise HMH, 1974, p. 87).

2. Cf. Clément MOISAN, *L'Age de la littérature canadienne* (Editions Hurtubise HMH, 1969, p. 146).

3. Cf. "Femmes du Québec," par Madeleine GAGNON et Mireille LANCTÔT (*Magazine Littéraire*, Mars 1978 p. 99).

Rina Lasnier

(née en 1915)

Née à Saint-Grégoire d'Iberville (province de Québec), Rina Lasnier a fait ses études au Collège Marguerite Bourgeoys à Montréal, à Palace Gate à Exeter, en Angleterre, et à L'Université de Montréal.

Diplômée en littérature anglaise, en littérature française et en bibliothéconomie, elle n'a cessé de publier depuis la parution de son premier livre en 1939. Son oeuvre comprend quatre ouvrages de poésie dramatique, douze recueils de poèmes et trois ouvrages en prose poétique. Elle a fait de plus des traductions poétiques pour diverses anthologies et revues.

Cette oeuvre abondante a donné lieu à la parution de plusieurs études importantes, entre autres: *Rina Lasnier*, par Eva Kushner, Ed. Fides, Montréal 1964; *Rina Lasnier*, par Jean Marcel, Ed. Fides, Montréal, 1965; *Rina Lasnier*, *Liberté*, novembre-décembre 1976, (no 108); *L'arbre dans la poésie de Rina Lasnier*, par Sylvie Sicotte, Ed. Cosmos, Sherbrooke, 1977; *Poésie des frontières*, par Clément Moisan, Ed. H.M.H.. 1979.

Rina Lasnier est membre-fondateur de l'Académie canadienne-française, membre-fondateur et vice-présidente du Conseil des Arts de la Province de Québec, membre de la Société royale du Canada, membre d'honneur de l'Union des Ecrivains du Québec (1976) et de plusieurs autres instituts et associations.

Les mérites de son oeuvre ont valu à Rina Lasnier de nombreuses distinctions. Elle a été deux fois lauréate du prix David, décerné par la province de Québec.

Après lui avoir octroyé une bourse de Création en 1953, la Société Royale du Canada lui décerna, en 1974, la médaille Lorne Pierce, en littérature. Son oeuvre a également été couronnée du prix Mgr-Camille-Roy, Québec, 1964; du prix Molson, Ottawa, 1971; du prix A.J.M. Smith, Université du Michigan, 1972; du prix France-Canada pour l'année 1973-74 et enfin en 1978 de la Médaille commémorative de la Reine, octroyée en reconnaissance de la valeur et des services rendus par les récipiendaires.

Une empathie lyrique frémissante de sensibilité, un amour sensuel de la nature joints à une originale et profonde inspiration religieuse traversent les textes poétiques de Rina Lasnier (*Images et proses*, 1941; *Madones canadiennes*, 1944; *Le chant de la montée*, 1947; *Escales*, 1950; *Mémoire sans jours*, 1960; *La Salle des rêves*, 1971.) C'est à partir de *L'Arbre blanc* que la vision du monde de Rina Lasnier prend une nouvelle dimension. Comme l'a si justement exprimé Eva Kushner dans sa monographie sur Rina Lasnier "l'amour vis-à-vis de la poésie n'est plus symbole de la création au sein [du silence et de l'obscurité] de la Malemer, ni simplement sujet de poésie amoureuse: il est principe de toute vie et de toute création. Parole et vie brûlent cette fois du même feu[1]."

---

1. Eva KUSHNER, *Rina Lasnier*, (Seghers, 1969, pp. 34-35)

HUMBLE AMOUR

L'amour le plus caché dans sa lenteur...
densité verte attachée à son fruit;
amour imposé à la barre des matins
et passe la fête reculée du souvenir;
t'aimer dans le cri noyé de la pierre du puits
et la nuit me rend à l'étoile de ta main.

Toujours creusée de ton absence
ne pas perdre souffle de ne plus te voir;
—inutile amour de vent arrimant la mer,
chevet trop vaste pour retenir l'ombre...

T'aimer insaisi et parfois étranger
et tu m'ôtes le visage de proximité;
t'aimer ni loin ni plus proche,
juste là où tu ne peux plus passer...
moi, oeuvre de coeur et joie de cage,
servante de ta lumière et de ta nourriture.

BEAUTE DU MONDE

Beauté du monde quand l'amour s'y entrevoit
comme le jour à travers une étreinte de branches;
l'amour vient par les fuites herbeuses de la rivière,
sa fable millénaire, envoûtement de roseraie,
l'amour est contours de mains et de roses.

Beauté du monde passée au bûcher du soir
et l'amour à l'embellie de la mémoire.

LES OISEAUX

Générations d'oiseaux aux hampes de l'été
clivages d'ailes autour de joies querelleuses,
le boisé s'approfondit de leurs glissants écarts;
race pure hors de toute main oppressive
ailes inabordables par la chute montante...

AMOUR DE RIEN

Fille de rien, pigeonne d'escalier,
fille de filasse à cheveux d'ortie;
garçon de rien, jeunesse ébouriffée
aux querelles d'opéra des balcons d'été.

Amours de ruelle à la marge des cités,
le temps n'a point le temps de roucouler;
à la proue des seins navigue le marié,
n'amasse rien sauf quatre roses de mains.

Une laize de ciel pend aux clôtures,
un drap lessivé virevolte sur la mariée;
elle n'a pas d'anneau pour nouer l'avenir,
nul boisseau sur la lampe des yeux.

Le temps qui épouse la dernière ombre
ne les trouble point de pitié,
le temps de rien, le temps fidèle
les asseoit dans la régence de l'herbe.

L'ARGILE ET LE BOIS

Marie, si tu fais alliance avec la joie,
si tu suscites le signe aromal du vin
pour porter l'amour à l'outrance des noces,
si tu confies à l'argile vide et verte
la redondance du sang prophétique,
tu goûteras le moût amer du bois,
dépossédée, tu seras l'urne de terre
quand crèvera sur toi le Coeur funéraire...

(Inédit)

DÉFÉRENCE

Au vieil homme sanctifié

Il se tait avec ses songes défunts,
son front auréole la race des orants,
il voit la face-dieu au plâtre du soleil,
il entend le bramement outré du coeur
de profondeur en profondeur éboulé,
sources et semences en tribut
rançon rude en redevance de mort.

Dieu desserre l'étreinte sèche
le baise de larmes, par déférence...

Rina Lasnier
de l'Académie canadienne-française

(Inédit)

Madeleine Leblanc
(née en 1928)

Madeleine Leblanc, native de Montréal, est venue s'établir dans la région Hull-Ottawa après des études à L'Ecole des Beaux-Arts.

Poète, romancière, critique d'art, elle enseigne, depuis 1970, les arts plastiques à la Commission scolaire régionale de l'Outaouais. Les premiers recueils poétiques de Madeleine Leblanc (*Ombre et Lumière*, 1960, *Visage nu*, 1963 et *Les Terres Gercées*, 1965) expriment la sensibilité blessée, la souffrance morale d'un être épris d'idéal. Dans son dernier recueil *J'habite une planète*, Hull, Editions Asticou, 1976, le regard du poète n'est plus focalisé sur son univers intérieur mais sur sa minuscule planète où

> "l'alchimie du destin
> éclate en joies âcres
> en duels hybrides."

J'AURAIS VOULU

J'aurais voulu capturer la vie
Et ses sortilèges,
Eternels assassins en liberté.

J'aurais voulu crever les yeux du temps
Pour ralentir sa course,
Déchirer les saisons, pour les mêler toutes.

J'aurais voulu décrocher les étoiles
Pour nourrir tous les songes,
Tarir les ruisseaux, pour abreuver les doutes.

J'aurais voulu charger les fusées d'amour
Pour remplacer l'atome,
Voir fleurir le jasmin sur les champs d'acier,

Abolir les angoisses, les morsures, les orages
Ni enfant, ni vieillard, ni infirme;
Mais un long cortège de joie
Sans fin et sans nom, sans âge et sans désir,
Sans aube et sans lune.

J'aurais voulu cerner tous les oiseaux du Ciel
Pour faire entendre au monde
Un concert éternel.

Mais la tueuse en liberté,
Envieuse et affamée,
A déjà poignardé mes rêves.

(Visage Nu, 1963)

EPAVES

J'ai eu faim de racines
à hauteur d'arbres

J'ai eu faim de semence
à moisson de feu

J'ai eu faim d'espoir
à dimension de roc

Mais n'ai trouvé que haine
à collier de potence

(Les Terres Gercées, 1965)

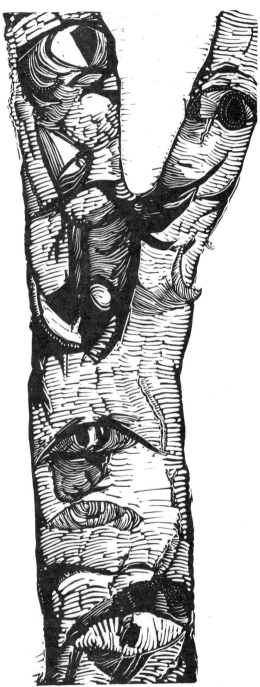

Looking   Fran Jones

NE PLUS SAVOIR

Ne plus savoir ...
ni ton nom - ni l'écorce,
ni tes yeux - ni la cible,
ni ton sang - ni la ravine

————

Confondre ton chant
au bruissement des feuilles
ton haleine à la moiteur du vent
ton pas aux clapotis des vagues

————

Troquer ton corps à la terre
ton souvenir aux pierres
ton sourire aux astres ...

————

Boire au spectacle géologique
de ton Etre ...
Désapprendre la douleur
      d'être ...
Vaincre la mort
debout dans le soleil ...
Et attendre
· ·
Attendre,
que tout recommence ...

(*Les Terres Gercées*, 1965)

J'habite une planète
   à carcan de soleil
      antique brûlure
   d'otages calcinés
et meurtrie de blessures
      à perte de ciel

J'habite une larve terrestre
      esclave d'un engin de feu

   Pour un seul blé mûr
mille vertiges trépassent
   au matin des fièvres

   pour un seul sourire
mille visages s'effritent
   au caveau de l'exil

   pour un seul bonheur
mille regrets croupissent
   dans le cratère des nuits

   J'habite une planète
      sans mémoire
   et sans remords

(*J'habite une planète*, 1976)

17

Janou Saint-Denis

Née à Montréal, dans la belle province un 6 mai aux alentours de la rue Saint-Denis je découvre très tôt grâce à la radio, le théâtre comme moyen par excellence de communication. Dès l'âge de 15 ans, je suis des cours au Conservatoire, à l'atelier du TNM et je débute comme comédienne professionnelle dans une création canadienne-française de Roger Sinclair: "CEUX QUI SE TAISENT" présentée par "L'ATELIER 55" que dirige mon époux Jean Saint-Denis. Il meurt le 25 avril 1956 et en 1957 je fonde ma propre compagnie de théâtre: "LES SATELLITES DE MONT-REAL". En 1961, je gagne le trophée de la meilleure comédienne de soutien au Canada lors d'un Festival National de Théâtre. Deux de mes textes radiophoniques d'essence poétique seront joués à Radio-Canada. Puis en 1961 c'est le départ pour l'Europe où je vivrai à Paris surtout pendant près de 10 ans, créant ici et là des "lieux poétiques" à Montparnasse, à Ménilmontant, et au Quartier Latin. Petit à petit surgissent mes propres poèmes, écrits plus pour être dits que lus. En 1971, je reviens à Montréal et crée mes "éditions du soudain" en publiant d'abord un cahier sous le titre: *Mots à dire, Maux à dire* puis je publie d'autres poètes inconnus à compte d'auteur et enfin mon premier vrai recueil "PLACE AUX POETES" qui donne une idée de ce qui s'agite à la Casanous depuis le 5 février 1975 tous les mercredis, à la Place aux Poètes où je lis mes poèmes ainsi que ceux d'autres auteurs et suscite la participation spontanée de la salle en invitant toutes celles et ceux présents à la parole active.

Je viens de terminer un livre *"CLAUDE GAUVREAU, LE CYGNE"* publié par les Presses de l'Université du Québec. A l'automne j'ai participé au numéro spécial par les Québécoises de *"SORCIERES"* - édition parisienne de Xavière Gauthier. J'écris aussi des poèmes-prétextes à danser, poèmes-prétextes pour chansons, poèmes-prétextes pour théâtre. Je reviens au cinéma comme comédienne et mon seul grand désir est d'être assez subversive, UNIQUE pour soulever toutes les carapaces et amener chacune à une prise de conscience de son unicité, des possibilités de transcendance de cette unicité et de l'ultime croyance en SOI pour le bonheur d'UNE et de TOUS dans la lucidité et la connaissance sans contraintes morales mais totalement engagés dans L'AMOUR.

Janou Saint-Denis

Salut à toi Allen Stivell

harpe de joie   harpe soudaine   harpe à laine
   harpe claire   harpe haute

perce les sons tambourinés
chasse les fredaines
chansonnettes éclipsées
pour de beaux airs coulés
où l'on passe du poème
à l'univers oublié
nous ramène à l'écran-vie
profusion de la nature
attentive aux vérités enfouies

    oh gaélic joueur des sensibilités latentes
    tu étranges ma liberté
    en lui chantant
    à voix contenue
    un monde ouvert
    à la beauté jadis
    maintenant si dépourvu

bourrasque-douceur
notes si fragiles
égrènent le chapelet des étés
pour soutenir comme le vent la tempête
la brise d'une âme malmenée

    splendeur de la tourmente
    hérisse le coeur des celtiques
    ravivage les flans bures
    fluide sacré demeure

harpe de joie   harpe soudaine   harpe de laine
   harpe claire

       herbe haute

le 25 février 1976

j'ai une amie que je ne connais pas
qui maintenant dure entre toi et moi
occupe l'espace que tu croyais vide

elle avait 22 ans quand sa tête sous le sac de plastique
s'engouffra pour s'accorder la mort
aujourd'hui on l'a portée en terre
simulacre de départ
qui jamais ne nous éloignera

j'ai une amie que je ne connais pas
qui maintenant s'agite entre toi et moi
dans cet espace que tu croyais trou

elle avait 18 ans quand sa tête roula sous le métro
station Frontenac
aujourd'hui je ne porte plus sur terre
j'ai comme des ailes qui m'invitent ailleurs

j'ai des amis guatémaltèques que je ne connais pas
la terre les a repris dans son ventre gourmand
autour de nous l'air est compact et je respire encore

je suis ton amie que tu ne connais pas qui demain sera là
un peu trop près de toi ne pleure pas la parenthèse s'évanouit
je demeure même si tu ne me vois pas
d'ailleurs m'as-tu déjà vue?

(Place aux Poètes, 1977.)

Photo Jean Letarte

Lucile Durand alias Louky Bersianik
(née en 1930 à Montréal)

Après l'obtention d'un baccalauréat et d'une maîtrise és arts, elle termine brillamment sa scolarité pour le doctorat en français. Diplômée de bibliothéconomie et de bibliographie en 1953, elle obtient une bourse du gouvernement français pour étudier à la Sorbonne (1953-1956). Bibliothécaire à Montréal de 1956 à 1958 elle retourne en 1958 poursuivre des études à Paris et à Prague (radio, cinéma, télévision).

Sa formation éclectique lui permet d'exercer différentes activités littéraires et artistiques. Elle est, tour à tour, professeur, bibliothécaire, journaliste, scripteur à la radio et à la télévision, auteur de téléthéâtres, comédienne, réalisatrice de films ("Smaragdin" en particulier, film fait en collaboration avec son mari Jean Letarte et qui a obtenu une mention au festival du cinéma de Karlovy-vary en 1960), romancière et poète.

Au cours de ces dernières années, Louky Bersianik a publié des contes pour enfants (*Togo, apprenti-remorqueur*, Prix de la Province 1966) des nouvelles, des articles de journaux, de revues, des poèmes (*La Page de garde*, Editions de la Maison, Montréal 1978; "L'Instantané" in *La nouvelle Barre du jour* #68-69, Montréal 1978 ...etc), des oeuvres de fiction, entre autres, "Avertine la Folle alliée" in *Te prends-tu pour une folle, madame Chose?*, Editions de la Pleine Lune, 1978.

Depuis 1970, Louky Bersianik se consacre à la rédaction d'un cycle de romans (*L'Euguélionne, Les Cahiers d'Ancyl*).

Le premier d'entre eux *L'Euguélionne* a été publié aux Editions La Presse en 1976 et aux Editions Hachette-Littérature en 1978. Cet imposant roman triptyque de 400 pages est une grande fresque allégorique qui dénonce la condition de la femme dans notre société "sexiste". Dans cet ouvrage "l'audace et l'humour ... s'allient à une lucidité efficace pour démasquer les multiples tabous qui hantent encore l'existence de l'espèce féminine".

ORTYGIE L'INAPPARENTE
MATERNATIVE UNE

1

D'ABORD FEMME SE DONNANT LIBRE COURS
OR LIBRE CORPS FEMELLE IRRITE
LA LIBERTE RENDUE PROVISOIRE
LE DIEU LA COURT-CIRCUITE

ENSUITE
PRISE EN CHASSE
MODIFIANT SA COURSE EN FUITE SA FUITE
EN AILES
D'ORTIES CAILLE S'ÉLÈVE
QUE DEJÀ LA POURSUIT L'ORGIE DE L'AIGLE

D'ENVOL EN CHUTE LÉGENDAIRE
NÉOMÉNIENNE DISPARITION
PIERRE D'ÉCHANGE DANS LA MER ET DEVIENT
ÎLE SOUS L'EAU
ADÉLOS AU LONG COURS FLOTTANTE ET DÉSO-
LÉE
ORTYGIE
SE DONNANT LIBRE COURS A L'INSU
FEMME DÉSERTE INAPPARENTE

2

UN MOMENT DEUX CORPS MICROSCOPIQUES
FUSIONNENT DONNÉ AU HASARD DE L'EXIL
AUX SECOUSSES SISMIQUES SE PERÇOIT
L'AVÈNEMENT DE L'OEUF DES ABYSSES
HASARD HASARD QUI CONÇOIT TANT DE
CHOSES ET MÊME LA FÉMELLITÉ
L'IRRUPTION ANÉANTIT LE NÉANT DU JE-U

INSULAIRE DES LUEURS SOUS-MARINES
JE SUIS EN L'ÎLE L'ÎLE EST EN L'EAU
L'EAU EST EN L'ÎLE
EAU C'EST MON CERCEAU
JE M'Y ENROULE ET MULTIPLIE

Y DÉRIVE AUX VIRAGES
A LA TABLE DE DIVISION J'Y JOUE
ORTYGIE
SES PAROIS LISSES EN TOUS POINTS ME
TOUCHENT
    MURS LIQUIDES EN RECUL OÙ JE M'AGRAN-
DIS
    LES SUEURS LOUP-MARINES NE CESSENT DE
M'ATTOUCHER

3

LES FORMES ME TRAVERSENT EN EXTASE ET
MOUVANTES TRANS/PARENTES
    STRATÉGIE TOUCHANTE D'HABITACLE S'EN-
FLANT DE LUMIÈRE ET DE TRANS/LUCIDITÉ
    DEMEURE NOMADE AUX FLANCS D'HUILE OÙ
AFFLEURENT LES REFLETS RELIEFS D'ÎLE

    QUE DEHORS S'INSCRIVE SOUDAIN LA POINTE
ÉLUE D'UN SEIN OSTENSIBLE
    QUE S'ÉCRIVE LINÉAIRE UN PROFIL SI FIN
QU'IMPERCEPTIBLE AVANT L'ASTRALE COULÉE
DU COU OÙ LE PHRASÉ SE CREUSE
    ET JE LIS POURTANT À L'ÉVIDENCE (BIEN
QU'AVEUGLE POURTANT CAR N'AI D'YEUX QUE
POSSIBLES) DU DEDANS
    IMPERCEPTIBLEMENT (QUE) JE SUIS EN TOI
MON INCONNUE MON OCCULTÉE
    JE SUIS EN ORTYGIE
    L'ILE FLOTTANTE ET DÉSERTE À LA DÉRIVE
NOUMÉNALE À VUE D'OEIL INAPERÇUE
L'ERRANTE ÎLE DÉLIRANTE

4

    CORPS AU SECRET ENVIRONNÉ DU CORPS
CLANDESTIN ÉTROITEMENT
    SI CHAUD QUE MAISON D'HIVER ET DOUX
QUE LIT D'EAU

ENFIN ABOLIE L'INFINITÉ DE VIRTUELLES
(J'AURAIS PU NE PAS TROUVER ÎLE À MON DÉSIR)

L'INCESSANTE CARESSE DE TA CHAIR OC-
CULTE
    SCINDE MES FEUILLETS ARRIME MES ORGANES
ET TISSE CETTE PEAU POREUSE ET PROMETTEUSE

    MÊME CHAIR ET PERMÉABLE AU SANG
    JE SUIS PORTÉE APPARUE EN L'INAPPARENTE
    EAU C'EST MON BERCEAU
    ORTYGIE
    DE TANT DE MERVEILLES ET DE MONTS
    MOI L'ÎLIENNE EMBRYONNAIRE
    SUIS TENTÉE D'EXISTER

Août 1978

(Extrait des *Cahiers d'Ancyl*, ouvrage en préparation. *Tous droits réservés: Louky Bersianik*)

Note explicative pour "ORTYGIE L'INAPPARENTE":

ORTYGIE *était l'ancien nom de* DELOS, *la plus petite île des Cyclades. Selon la légende, Zeus tomba amoureux d'Astéria qui, pour l'éviter, se transforma en caille. Alors, Zeus se transfigura lui-même en aigle et se mit à pourchasser la caille. Dans son désespoir, Astéria se métamorphosa en pierre qui tomba dans la mer en formant de la sorte l'île d*'ORTYGIE. *Cette île flottait sous l'eau et c'est pourquoi on l'appelait* ADÉLOS *qui veut dire* INAPPARENTE.
(N. de l'A.)

Denise Boucher

Elle est née dans le Québec d'ancêtres français et mohawks. Journaliste de reportage, poète, dramaturge, Denise Boucher écrit également des contes et des chansons. Parlant du Québec comme d'un "pays où l'on a toujours chanté et où l'on chante encore", elle aime se rappeler la part importante qu'a occupée la chanson dans son enfance, tant à l'école des soeurs que chez ses grands-mères maternelle et paternelle où l'on chantait les vieilles chansons du folklore français et les chansons réalistes de la Bolduc. Plus tard Denise Boucher s'est elle-même mise à écrire des chansons en particulier pour Louise Forestier et pour le spectacle de Pauline Julien *Femmes de Paroles* (1977-78). On lui doit également des contes pour enfants: *Les trois pignons,* cent contes écrits pour Radio-Canda (1962).

1977 voit la parution d'un beau témoignage de l'écriture contemporaine: *Retailles,* écrit par Denise Boucher en collaboration avec Madeleine Gagnon. "Ce livre qui signe la réconciliation du poétique et du politique est une polyphonie à deux voix qui se lit comme on chante et qui se chante comme on rêve".

Féministe convaincue, Denise Boucher ne cesse de militer par l'écriture, que ce soit dans son dernier recueil poétique, *Cyprine,* essai-collage pour être une femme ou dans sa pièce *Les fées ont soif,* montée à l'automne 1978, après une retentissante querelle avec le Conseil des Arts de la région métropolitaine de Montréal suite à son refus de subventionner cette pièce féministe.

je viens comme une mante religieuse
dévorer le sur-mâle le héros le surhomme
et aspirer ta hache de guerre ô omme

j'ai la démarche effrontée des pécheresses
mes vastes hanches sont les berceaux
des chocs historiques

avec chacune de mes larmes
percluses de malheurs
j'ai rongé chacune de mes chaînes
comme un cargo

la parole des femmes me délivre
sa lumière coule d'or en mon gosier
les mots se dégoîtrent
mes oreilles ne sanglotent plus

mes souvenirs sont des statues de sel
mes cyprines mouillent un sexe nouveau

après avoir bu tous vos symboles
comme une alcoolique
je viens comme une mante religieuse
boulimique

(*Cyprine*, s.d.)

CHANSON

Soudainement une amie m'haïe
Et ça prend en moi toute la place
La chicane envahit tous les lieux
Amoureux de ceux qui m'aiment

La chicane comme un soleil brillant
Traverse toutes mes fenêtres
M'éblouit, me brûle et me givre
Si fort que je cherche ma colère

Je ne trouve que de l'agacement
Comme l'écharde au bout d'un doigt
Qui enlève du prix à la caresse
L'ennemi m'occupant plus que l'amant

Soudainement une amie m'haïe
Sa haine neutralise ma vie
Sa haine me tient et me fracasse
Si vous m'appelez je sonne occupée
Mon coeur s'est comme rapetissé
Et je ne sens plus l'odeur des girofliers

novembre 1977

(*Cyprine*, s.d.)

Cécile Cloutier
(née en 1930)

Après l'obtention d'une licence ès lettres et d'un diplôme d'études supérieures à l'Université Laval elle soutient brillamment une thèse en esthétique à l'Université de Paris. Elle poursuit ensuite des études en philosophie et en psychothérapie jusqu'en 1965 date à laquelle elle devient professeur d'esthétique et de littérature française et québécoise à l'Université de Toronto.

Ses premiers poèmes paraissent alors qu'elle a 16 ans. Depuis ce temps elle a publié cinq recueils de poésie: *Mains de sable*, (Québec, ed. de l'Arc, 1960); *Cuivre et Soies*, (Montréal, Ed. du Jour, 1964); *Cannelles et Craies*, (Paris, Jean Grassin, 1969); *Paupières* (Montréal, Déom, 1970); *Câblogrammes*, (Paris, Chambelland éditeur, 1972).

Lauréate d'un prix au Concours de la Commission du Centenaire pour *Cannelles et Craies*, elle a également obtenu une médaille d'argent de la Société des Ecrivains Français pour son recueil de poésie *Mains de sable*.

De caractère elliptique, la poésie de Cécile Cloutier se distingue par un jeu de métaphores tantôt teintées de surréalisme, tantôt empreintes d'une sensualité keatsienne.

Une peau de bois
Dans mon jardin
Un tapis de jazz
Sous mes pieds de cognac
Et tous mes sens
Comme une cuillérée pleine

       Une parole de poivre
       Empoisonnait les choses
       Il faisait grande lueur
       Sous les couronnes de mots

       Une feuille mourut
       A ce moment-là

       Ce fut important
       Comme une pierre

              J'avais un chagrin
              D'enfant devenu grand
              Une pesante souffrance d'homme
              Qui s'appelait mon pays
              Et portait des doigts de guitare

Suzanne Paradis
(née en 1936)

Née à Québec, c'est depuis mon adolescence que je suis préoccupée par l'écriture, en vers comme en prose. Vers onze ou douze ans, j'étais déjà convaincue qu'une vocation de poète ne pouvait s'acquérir, pas plus qu'elle ne pouvait se perdre. Rien n'était particulièrement favorable dans mon milieu à cette forme d'expression, rien ne le fut non plus au point de vue éducation puisque mes études ne durèrent qu'une douzaine d'années, et m'eussent tenue éloignée de mes premières appréhensions si celles-ci ne s'étaient développées d'elles-mêmes dans le mystère de la subconscience et par la pratique secrète, mais dévergondée, de l'écriture.

J'ai publié, depuis 1959, 11 recueils de poèmes, 7 romans, 1 recueil de nouvelles et un essai sur le personage féminin dans le roman féminin québécois. J'ai reçu l'encouragement de 4 prix littéraires et de 6 bourses de création, tant du Conseil des Arts du Canada que du Ministère des Affaires culturelles du Québec. Je suis actuellement à rédiger une étude sur l'oeuvre de la romancière Adrienne Choquette et à préparer la ré-édition, en un ouvrage, de mes 3 premiers recueils de poésie.

Suzanne Paradis

The Entwife   Fran Jones

UNE MAISON DANS LA VILLE

Cette maison respire ainsi que l'aile sombre de la mer
sous ses lampes mortes se plaint
d'une voix de femme
Peux-tu entendre ce souffle plus bas que l'oreille
brandon de brise sous la fièvre du corps

Le coeur battu de deuils anciens
pulse encore de songe vide
il y a trois arbres dans la cour
à l'ombre de cette maison en pleurs
et les corps errants de ses fantômes
déplacent les fauteuils et les chambres

Ainsi se prépare la mort difficile
d'une femme en son sommeil
qui investissait tranquillement
mais moins tranquillement qu'il ne semblait cependant
trois arbres déjà ouverts pour la recevoir endormie

CLOCHES POUR UN DIMANCHE

Hier il y avait cette pure traînée de foule
et tu pouvais croire qu'elle chantait
à se promener ainsi dans le murmure du port
à fignoler la nostalgique liturgie de l'absence
alors que résonnait la sirène du songe

Tu la suivais hier parcours de flûte enchantée
son pas égrenait la falaise et chassait les mouettes
dans un grand battement d'enfants et d'oiseaux
presque toujours le dimanche
quand l'âme tremble comme un cantique
et voit ses dieux les yeux fermés

Tu savais qu'elle rentrerait avant le crépuscule
puisque les roses serraient les poings
chaque maison soudain griffée d'un trait de fumée

LA VILLE INNOCENTE

Tu ramenais la ville à son point d'innocence
et ton geste était beau telle une course d'étoiles

Plus mortes que vives les femmes hâlaient des enfants
blancs comme neiges

La maison resterait dans un tel état d'abandon
les jardins glisseraient peu à peu dans l'indifférence des renoncules
que faire de tous ces fruits qui tomberaient sous les pommiers?

Tu sais bien à quoi tu occupais les hommes
ils en avaient le dos rompu les jambes folles
cette falaise les ferait mourir les réduirait en poussière

Mais tu disais qu'il fallait la plonger trois fois dans la mer
alors la ville leur serait rendue dans sa clarté première
sans une tache sur la blancheur des enfants

Madeleine Gagnon
(née en 1938)

Je suis née à Amqui, petit village de la vallée de Matapédia, Québec, dans une famille de dix enfants. J'ai cinq soeurs et quatre frères. J'ai pas mal vécu dans les bois, puis voyagé beaucoup, fait de la musique du théâtre, un doctorat en littérature, une psychanalyse, deux enfants, Charles et Christophe et plusieurs écritures, articles et livres. J'enseigne la littérature à l'UQAM depuis 1969: je m'intéresse surtout aux rapports psychanalyse-écriture et à l'écriture des femmes. De 1974 à 1976, j'ai rédigé une chronique mensuelle intitulée "Paroles de Femmes", dans la revue *Chroniques*.

J'ai publié quelques livres: *Les Morts-Vivants*, nouvelles, HMH 1969; *Pour les Femmes et tous les autres*, poèmes, éd. de l'Aurore 1974; *Poélitique*, poèmes, Les Herbes Rouges 1975; *Portraits du Voyage*, récits, avec Jean-Marc Piotte et Patrick Straram le Bison ravi, éd. de l'Aurore, 1975; *La Venue à l'Ecriture* avec Hélène Cixous et Annie Leclerc, coll.10/18 "Féminin Futur", 1977; *Retailles, complaintes politiques*, avec Denise Boucher, éd. l'Etincelle, 1977; *Antre*, poèmes, Les Herbes Rouges, 1978; *Lueur*, roman archéologique, V.L.B. éditeur 1979.

A paraître l'an prochain
Lueur, chez Flammarion, Paris (Janvier 1980)
Ainsi que mon oeuvre complète chez VLB éditeur:
Tome I: *Ecrits poétiques*
Tome II: *Ecrits théoriques*
J'ai participé à plusieurs spectacles de poésie, plusieurs rencontres et débats sur les femmes et travaillé avec Pauline Julien pour son dernier disque, *Femmes de Paroles*.

Madeleine Gagnon

La petite fille du pére et du fils et de l'inconnu

Quelle est cette petite fille de dix ans, dans les bras de son père, collée à l'amour, et fébrile? Ça n'est pas une photo, elle bouge. Elle respire, elle tremble. Sa voix cachée épelle son nom. Dessus, son corps reçoit toute la violence de la loi qui frappe, tandis que son corps du dedans, celui qui cherche, celui qui veut savoir, vibre à l'orgasme fou qui la bascule dans le vide à pic, sans réponse aucune, dans le vertige de tout désir de connaissance.

Elle était alors allée, à bout de souffle de ces consonnances, au bout de son propre souffle, lui confier, pour qu'il en prenne soin le temps de son départ, son joli fusil, sa belle petite carabine au canon court, toute de cuivre et de bois d'olivier. Sculptée. Ciselée. Elle la lui avait remise à lui, le temps de son voyage, juste le temps de sa guérison. Entre les mains du sage, du maître, j'avais déposé mon arme, le temps d'un aller sans retour et pourtant j'avais dit: je reviendrai la chercher, combien cela me coûtera-t-il, t-elle, pour vous de garder mon arme, d'en prendre soin? Il avait alors fixé deux prix d'égale somme, chacun exorbitant, l'un pour l'objet l'autre pour moi, comme si l'on pouvait me séparer de ce qui m'accompagne et me prolonge, me suit et me précède, me perd et me domine, m'allonge du dedans, me l'autre et me semblable. Il avait voulu me diviser de ce qui me constitue sans me confondre. Il avait dit, sans prononcer les mots, comme pour mieux me dérouter: *en me confiant ta puissance, tu me paieras très cher ton amour.* Et pour un temps j'avais accepté cet échange, moi prise dans tous mes objets, vendant tout et me payant très cher. Moi troc. Marchandant corps, pulsions, désirs, flottant dans le fantasme d'Il faut payer très cher pour jouir et payant tout jusqu'à ma propre vente. J'allai jusqu'au bout de cette trame puisqu'il fallait absolument que je sois volée, littéralement, pour pouvoir enfin me reprendre. J'y allai, un jour.

Que s'était-il donc passé pour que ce commerce hideux me soit vu sans que j'en meure? Un geste en trop, du surplus, quelque chose qui ne se plaçait plus dans l'ordre de l'échange, quelque chose qui ne passait plus, ne s'offrait ni ne se refusait. Etait là. Quelque chose de l'amour s'était rajouté. Avait débordé. N'avait pu se vivre hors les murs de séduction, coupable du troc?, s'était capté vif, s'était bondi, s'était voulu violé?, lui? Le vol avait dû devenir rapt pour que captive je m'en libère. Le viol m'avait montré la nature du vol. M'en suis-je dégagée à tout jamais? S'en serait-elle guérie? Remise? Et qui, elle? Je suis retournée une dernière fois chez lui, la douce scène des doux adieux, ai repris ma petite arme ciselée, sculptée, caressée. Je me souviens lui avoir dit: tout est si clair, pourquoi je n'avais jamais vu avant maintenant, jamais su, jamais compris que la jeune puissance petite fille pouvait se conserver d'elle à moi, sans que rien ne soit compté, perdu et remboursé, qu'elle se pouvait, confiée à moi, se garder se protéger, sans qu'aucune jouissance n'en soit altérée. C'est alors seulement que ce qui fut vécu de plus vrai, comme en images, devait se prendre en écritures, se porter jusqu'à la fin des cycles, jusqu'à la fin des songes, c'est-à-dire, sans fin, toujours, puisque même le temps ne se mesurait plus dans cette histoire. Ça devenait les temps, du temps. Du temps de rédiger les impressions laissées sans compte. Je songe que le rêve s'écrit.

Une déchirure. Dans douleur il n'y a pas ce trop plein de sens, calciné, résiduel de la proximité amour-haine. Une blessure gouffre, un moi cratère, et des larves tombées ici et là nous rappelant qui nous étions. Cela qu'il m'a fallu pour te quitter en ma présence pleine, me renoncer en ta présence, m'arracher de toi vivant si proche. Me prendre à deux mains, la peau les veines l'oreille l'oeil la bouche l'esprit et te laisser, en demeurant. Ç'est fait. Quoi? Elle s'était déchaînée, n'avait prévu aucune place pour l'elle d'avant, n'avait même plus la moelle et les os, une ombre et une vibration. Des fibres de fille filante. Une pulsion. Quand est-ce que la mémoire s'était-elle donc remise en marche, en danse, pour conjurer cette disparition et l'exorter au retour? Peux-tu le dire? Tu te souviens, c'était à peine audible, un cor perdu dans son orchestre, cette main droite dans l'ouverture, sentant l'air chaud de sa propre bouche et traversant tant de couloirs divers pour y aboutir, la main gauche rythmant si peu, un air corniste insufflé par la peau des veines, où donc étions-nous rendus, mon amour, ai-je dit mon amour? Ça ne répondait plus, puisque désormais le phrasé, tant de modulations, devait se sortir de moi, en sa présence. Avons-nous tenté de ramasser toutes les larves dans la vallée marécageuse? Avons-nous désespérément voulu les recoller ensemble? Désirions-nous redonner forme à l'ancien, à ce qui n'existait plus, n'était plus?

Et ne se représentait même plus cette montagne géante humaine, ce colosse trônant jusqu'à la mer, ce couple, avant que le volcan ne l'ait vômi? J'ai donc roulé mon corps entouré de ces larves, tournant et retournant dans les flaques, les déserts mous, jusqu'à ce que, de si proche et de si intime, ça me chante:respire. Et j'ai crié. Non pas de victoire ou de rage, non, ce fut le simple effet de ma respiration, du centre vital son énergie enfin diffuse, entre sa plainte et le rire, quelque chose comme un accord de velours bleu traversant le pré de blé, scillant, frappant le rocher d'ocre en face pour aussitôt me revenir, me recomposer, me re-transmettre, comme une lettre dans la main que je me serais écrite et délivrée.

Car enfermée dans le noir, ce grand trou sombre de mon enfant vivant, la petite fille ambrée reçue tant de fois dans l'extase du rêve, ce grand trou noir de moi l'enfant étouffée, d'antre les morts, encerclée dans la noirceur tiède de ce méconnu de moi, sa mémoire, et là-bas dans l'absolu de mon inconsistance, mère enfant, que tous les feux d'artifice juillet jaillirent d'antre les vivants, la déesse fracturée le roi mort moi naissante, la période d'avant sans réminiscence s'agonisait d'elle-même, l'espace minimal qu'il en resterait dans l'autre mémoire, la mienne d'ici, suffirait à lui donner encore d'infinis perspectives, l'impulsion d'une histoire vraie, prenant place parmi tant d'autres, aimées, racontées mille et une fois, cajolées une à une, semblables mais toujours inédites, et je m'émeus de toutes ces images se chevauchant dans les rondeurs du temps, tendres enluminures sidérantes, haletantes vers ce texte à s'écrire d'elles, mais ne l'illustrant plus, se tenant toutes seules remplies de leurs sens. La fresque s'offrant, le tableau divin finalement ramené à sa lettre, de douces mains aimantes s'étant rejointes, non plus servantes du tout-puissant, non plus scriptrices des lois, ni fidèles porteuses des holocaustes, des bras légers jambes nageuses, les douces douces mains enlacées frayantes des voies nouvelles ne laissant plus le jouir à désirer.

Aux antipodes de leurs *sileni alcibiadis*, son équipée. Ici les mots feront noeud feront coeur (Michèle Montrelay, *L'Ombre et le Nom*), elle sait qu'il en est le contraire de toute schizophrénie, de tout désespoir, puisqu'elle fait parler justement ce qui vit de la rencontre du nom et de l'ombre. Cette dualité qu'elle ne rejette plus et dont elle n'a plus peur. Ce double qui ne la poursuit plus, elle au rythme aujourd'hui, lent. Ce double qui l'habite. Elle et une autre, deux femmes mère et fille. Elle et une autre, deux petites filles de la même mère. Elle et une autre, deux petits fils de la même mère. Elle et une autre, deux mères et un petit garçon. Elle en cet homme mère, aussi.

Que vient de laisser qui dans la caverne allant venant sur la pointe des pieds? Entrant sortant, double corps? Qui vient d'abandonner qui, sans rejet, se comprenant dans les ombres sur le mur, Même? Qui vient de s'inclure dans les bras de cet homme, mus par ce même désir, d'aimer? Et qui vient de crier son angoisse, sans larme aucune, à la soeur aimée à ses côtés qui dit la sienne et son désir? Elle et la même. Et, sur une scène plus proche, quel petit garçon au long poignard d'argent veut égorger l'énorme père assis sur l'immense ventre étanche et l'anéantissant de ses longues mains puissantes? Et quelle mère inconsolable, déambulant dans son propre deuil, faisant marcher ce petit corps fragile, le tenant par la main? Quelle passion, conjuguée à quel bonheur, faisait jouir ce petit garçon, ou une autre, et s'éclater d'un rire dont plus rien ni personne ne pourrait se méfier? Elle, toute ensemble, le corps les mots font noeud font coeur.

Puis, l'immense père avait pris la petite fille dans ses bras, prise à la fois très fort et très tendrement, lui laissant comme tout héritage ce désir d'y revenir, constamment. Aucun mot ne fut alors prononcé. Elle avait aperçu sa soeur amie la voir. Avait-elle su, dès ce moment, les difficultés de cet amour? Sa lointaine, lointaine même et son étrangeté si proche? S'étaient-elles jamais retrouvées si non en ce regard, souvent capté, de pure perte? Savaient-elles, ou ne savaient-elles pas, la reprise pour l'autre, de la même étreinte, absolument? Quel est le sens de cette nuit de ce passage dans les fougères grises du mur blanc tout autour pour la reconstituer en mots qui les fois d'avant ne s'articulaient pas?

A l'aube tous ses petits lui semblaient grandis, comme s'ils eussent progressé subrepticement quelque part dans une autre vie. Ils ressemblaient à des géants de pierre, comme ces mystérieux gardiens de l'Ile de Pâques qu'elle avait souvent imaginés et auprès desquels elle avait secrètement souhaité mourir. Des statuettes informes sorties d'elle, de ces roches rugueuses ou de ces larves, elle apercevait soudain l'éclatante transformation vitale: des mains habiles et lointaines avaient façonné la pierre volcanique en autant de visages qu'il fallait pour durer, ne pas disparaître, et les avaient placés, ces visages, en plein milieu du monde, au centre du plus grand océan, les avaient disposés tout autour du "te Pito te Hennua", le nombril de la terre. Elle le savait, c'était son ventre à elle, sa terre volcanique, ses entrailles grouillantes, ses rejetons vivants ou morts, ses monuments, érigés et bénis par elle, auprès desquels elle avait toujours voulu aller s'éteindre pour ne pas sombrer à tout jamais dans leur mémoire.

Viendront-ils jusque dedans, la matrice pulsionelle, s'arroger les inscriptions qui s'y collaient, adhéraient suaintes, avant même que je ne m'en abreuve, perles de corps, double mère enfant s'enfantant à son tour, se soûlant d'aise, dans les replis liant de ce qui s'était échappé des discours, plaintes nombreuses, murmures, belles légendes, aux heures d'hiver quand ça se berçait sans se voir, se concevoir, viendront-ils les arracher avant que l'épopée ne se déroule, à terme enfin, sans d'autres références que tout cela qui s'est laissé, en passant, ignoré? Cette question serait-elle trop jeune encore, un résidu des craintes archaïques, du ventre, enfoncées comme aiguilles des mauvais sorts, poupées de guenilles laissées traînantes sous mon lit, me ricanant méchantes dans mon propre trépas, nombreuses, venant des îles mystérieuses aux cérémonies qui me perdraient, pour mieux me reprendre?

Le chaman persistait à défoncer nos routes, s'était trompé de pays, se croyait en terre ennemie, trahissait tous les nôtres, tous les miens, semait la petite fille affolée en bordure du chemin de nuit qui rêvait d'elle vieille et lui, voulant étouffer ces fragments de son tout systématique, ces retailles de nous recousues patiemment, afin qu'elles soient vidées de leurs sens, déchiquetées, éfilées, pendant que trônerait encore sur notre silence le grand livre de lui, le testament unaire?

Il n'a pas besoin de dire: *Je désirerais me sortir de la chaîne du sens* pour que la fiction se déroule à son heure sur des lambeaux d'écritures, inconscientes. Elle leur doit son manque et sa puissance, l'estampe en lettres lueurs sur le mur d'amour.

(extrait de *Lueur, roman archéologique*, 1979)

Nicole Brossard
(née en 1943)

Née à Montréal, Nicole Brossard est co-fondatrice et co-directrice de la revue *La Barre du jour* depuis 1965. Membre du collectif *Les Têtes de Pioche*, journal des femmes, elle a également été nommée co-directrice de la collection Delire aux Editions Parti-Pris.

Elle compte de nombreuses publications à son actif. Ses poèmes et oeuvres de fiction se succèdent "sous le signe de la recherche des formes nouvelles":

Aube à la saison, poèmes, Montréal 1965.
Mordre en sa chair, poèmes, Montréal 1966.
L'écho bouge beau, poèmes, Montréal 1968.
Suite logique, poèmes, Montréal 1970.
Le Centre blanc, poèmes, Montréal 1970.
Un Livre, roman, Montréal 1970.
Sold-Out, roman, Montréal 1973.
Mécanique jongleuse, poèmes, Montréal 1974.
French Kiss, roman, Montréal 1974.
La Partie pour le tout, poèmes, Montréal, 1975.
L'écrivain in *La Nef des sorcières*, théâtre, 1976.
L'amèr, fiction théorique, Montréal 1977.

"Ecrire *Je suis une femme* est plein de conséquences" affirme Nicole Brossard dans son dernier livre, *L'amèr*. En effet ce texte de fiction théorique, tout en étant comme les autres, une recherche exploratoire du language, une expérience sur le sens de l'acte de création, est également "une volonté d'imprimer à l'écriture une spécificité féminine", une volonté de se libérer du code langagier masculin et de détruire le phallocentrisme.

_____vulnérable d'écorce
m'eurent donc incitée
les phares anonymes au passage
dans la nuit herbes de coïncidence
à joindre les ultimes d'encre et de
    fragments
échine blanche dans le circuit des pelouses
    verticales

noir frémir o bouge persuasif
les mots désirent et moi aveuglément
les effets de passage qui soulèvent
raniment les griffes m'inclinent
à faire fente et fête entre les dents
le poil et le noir déclenchent
le dérèglement
force de liaison de lèvres mouvantes
nous dérive inverse les pauses d'amour
puisque avec le temps le silence
le souffle se défend et mord
                    (*Mécanique jongleuse*, 1974)

                    son cul et tant mieux qui liquéfie la
                    première pierre ou cette érosion du renvoi
                    car elle triche tout ce temps perdu à donner
                    la réplique
                    silencieusement en bordure de la ville
                    hors contexte (avaler mais lapidaire)
                    qu'elle dit: *ça n'a pas de sens*
                    ou ironie de la séquelle l'abolie
                    sans histoire et langue maternelle en clinique
                    blanche convulsive ce corps parle
                    peut-être se divertir souterraine
                    mais au fond inculpée *sans réserves*
                    elle recommence par le bas de page
                    pleine d'odeurs l'indomptée qui se trousse:
                    flying

l'insensée précise plus que
vaguement l'histoire la dérive
hors foyer négative sa pratique de déferlée
membrane délébile ou drame surimpression
elle s'expose feuille ou fête et fard
brouillée par l'axe inscrite
mais avant qu'elle ne cède
le sursis dans son oeil vire en tous les sens

(La partie pour le tout, 1975)

stridente strie le strix la nuit affluer des touffes denses, des effets spéciaux
que procure la perte de réalité. N'y a intérieur que le passé ou des états antécédents mais dans la lenteur des bras dans l'éclaircie le déployé de l'intense
animation — je veux courir le risque du ventre délibéré comme avec des
rives et des rages dedans veux-tu qu'à tes oreilles la posture sonne
fantastique.

de la fiction devant les yeux, ce sont les cils qui pendant le pacte servent
à éclaircir la nuit la blancheur qui survient de nos chairs, de l'oeil fixe
des filles sans remords. Traversant la ville sans équivoque, la cité et
toute allusion à l'entreprise. Je me réfère à l'enfance, aux ténèbres
basculées à la manière du ventre

(L'amèr, 1977)

France Théoret
(née en 1942)

Naissance à Montréal
Enseignement de la littérature dans un cegep depuis '68.
Thèse de Maîtrise sur *Les Oranges sont vertes* de Claude Gauvreau.
Co-directrice de la revue *La Barre du jour* de '67 à '69.
Co-fondatrice du journal des femmes *Les Têtes de Pioche* en mars '76.
Publications: Le monologue intitulé *L'Echantillon* dans *La Nef des sorcières*, éd. Quinze.
Bloody Mary, Les Herbes rouges.
Une voix pour Odile, éd. Les Herbes rouges, coll. Lecture en vélocipède.

J'ai collaboré aux revues suivantes: *La Barre du jour*, *Liberté* (colloque La Femme et l'écriture), *Stratégie*, *Chroniques*, *Change* (Paris), *Exile* (Toronto).

J'ai enseigné à l'élémentaire à 17 ans et j'ai fait plusieurs autres métiers pour gagner ma vie. J'ai habité Paris pendant deux ans où je me suis initiée à la linguistique et à la sémiotique dans la cadre du séminaire d'A.J. Greimas.

Depuis plusieurs années, en marge de mon travail d'enseignante et de mes études officielles, je recherche une voie du côté du langage, de la psychanalyse, de l'étude des idéologies et de la question des femmes. Même si ma pratique de l'écriture est marquée par la fragmentation du quotidien, elle se lie d'une manière inconditionnelle à la modernité.

France Théoret

"I remember coming home from high school everyday and going over my body from head to toe. My forehead was too high, my hair too straight, my body too short, my teeth too yellow, and so on."

Anonyme, *Our bodies, ourselves.*

bloody mary

Le regard du dedans furieusement tue. Feuille carnivore la débilité la nuit haletante en cette place risque la destruction. Tu me manges. Je me mange et ne me manque pas. L'enfermée à double tour des manifestations: la scène papa maman marque à l'os la peau surtout. Je suis épinglée pin-up cravachée des creuses paroles du père mère dans la vie vécue qui n'a pas d'importance. Je tiens le poignard je porte ton revolver la nuit m'est fatale je ne peux pas écrire. Dissoudre tranquillement je veux cela va mal exprimer.

Sauvage la crise du mur de l'ouverture à l'autre. Je t'aime tu me tues. Je t'aime ne m'as jamais vue. Je suis sans visage debout dehors quatre vents, percluse toute blanche. Dedans la tour. Dedans le jour nuit double. Sous la peau grouille mille pores: yeux forme trous. Je n'ai pas de visage. Je ne ressens pas. D'une fois l'autre en miroir oubliée: l'entre-deux l'espoir d'être désirée. Marquée à la place de l'objet linge sale guenille guenon, plaquage mots recouverts les uns sur les autres, place du non-lieu désordre des traits. Trop de peau. Gonflements. Le coeur gros. Je n'aurai jamais pitié. Les mots se font le ventre épais. La fille épinglée.

Dans la cervelle des cinq heures: jambes lourdes, pieds palmés, oh! hanches des fins d'heures d'avant la nuit, dans la cervelle pleure et toujours se retourne poignard revolver pieu contre qui je hante. Je ne suis pas le fils maudit, je suis fille maudite et je le vois ainsi depuis que je suis une fille.

Avant toujours j'écris le couteau.

Les paroles malsaines des femmes le sont à un point tel qu'elles s'avortent avant le jour. Le fils si cher l'héritier peut se quereller. Il est la raison. Il l'installera son truc d'entre ses jambes. Ou's qui a que ça s'pogne que ça s'plotte que ça s'mette. Des p'tits. Des dits. Des gros. Y s'y mettra à boire et manger à toi Bloody Mary Holy Mary. Full top pincée pognée. Bloody Mary Holy Mary Crunchy Mary. Monument à la gloire du fils. Quelle loi pourrait saluer la fille: à qui appartient ce gage contre ordre mamifamiliale. Transgresser pour le fils. Régresser pour elle. Marcher in speculum specula. C'est la marche en dedans les yeux chavirés la peau retournée sur elle-même.

Il était une fois dans la diarrhée du temps qui n'avance ni ne recule, une masse infâme nommée Bloody Mary qui à peine née fut livrée à un carrefour où jamais personne ne s'aventurait. Forêt, dédale, labyrinthe, trachée-artère. C'est un lieu mental: sans petit poucet, sans prince charmant. Pour Oedipe aux pieds enflés un berger royal. Pour Bloody Mary dehors dedans le rouge sur toutes surfaces. Les yeux rougis. Comme j'ai pleuré quand j'ai dit ma demande. On a sucé Bloody Mary. Paquet de sang coagulé peau: revêtement qu'on disait d'être d'âme. J'ai hurlé dans le noir des parois de mon ventre quand j'ai demandé après toi. L'enfermée le sang la tache.

(Tout tremble ici autour parce que j'ai oublié: te dire que je t'aime. Tu peux mettre dans ce mot autant de merde et de rire que tu voudras... la feuille fille visage sang.)

Bloody Mary est morte. Sans berger ni roi. Il n'y a pas d'histoire pour elle. Il y a ses taches tous les vingt-huit jours. Informe au sein de la forêt masse morte qui se plotte sans arrêt. Ventre d'une femme chaude de sang qui pisse et se coagule en sa chair. Yeux rivés dans ça. Pas de trou.

Il n'y en eut jamais. Se protoplasme la masse molle glu en mouvement. C'est tellement l'amibe ça primaire dure à rejetter le fils à regret la fille pour que le mouvement mare rouge se prolonge. Une forêt nerveuse de tissus en semblant de vie pour qu'il se fasse mordre. Je me tue d'ombres. Je nous sens comme cela dans des tempes vibrantes si vibrantes si vibrantes. Oh! le murmure. Cela suicide.

L'encensfantsilonlaire. L'enfantfansilaire. Les ciloncilidaires.

Du sang l'en mange.

Du sang l'en chie.

L'engorgée la possédée l'enfirouapée la plâtrée la trou d'cul l'odalisque la livréé la viarge succube fend la verge fend la langue serre les dents. Des passes je me fais la passe, je suis ma propre maison de passe.

(Les Herbes rouges, 45, janvier 1977)

Yolande Villemaire
(née en 1949)

J'ai vu le jour à Saint-Augustin-des-Deux-Montagnes, le jour de la fête de Saint-Augustin, en août 1949. Après ça, j'ai exploré les terrains vagues du nord de Montréal, les livres de géographie et, beaucoup plus tard, le Maroc, la Grèce, le Yucatan etc. J'ai étudié en théâtre parce que c'était moins plate qu'en lettres. J'ai aussi été caissière chez Steinberg, téléphoniste au Bell et professeur de français au cegep. Je rêvais d'être agent secret mais je me suis contentée d'écrire un roman dont l'héroïne l'était. Elle a aussi publié un recueil de poésie et un "processus de récit", tenu une chronique de théâtre au journal *Hobo-Québec* et une chronique de livres au magazine *Mainmise*; collaboré à *La Barre du jour*, aux *Herbes rouges* et au journal *Le Jour*. Membre fondateur de la revue *Cul Q* et des cahiers de théâtre *Jeu*, elle a aussi fait partie du collectif de la maison d'éditions de la Pleine Lune pendant un bout de temps. Elle a fait des lectures de textes et présenté une sorte de spectacle à la galerie Véhicule. Elle est en train d'écrire *La vie en prose* et prépare une "nuit expérimentale" de théâtre. Je est une autre et tout ce que je sais c'est que la vie, c'est vraiment très comique, que tout est dans tout et que y a rien là.

Yolande Villemaire

1.1 la vie en prose
1.2 des hémorragies de tendresse un peu bitch

1.1 Batgirl en plein vol
1.2 un sourire de chat qui décolle

1.1 freak stuff: la fille gigogne et sa doublure
1.2 dans une période de turbulence

1.1 crisse sa bile dans les poches d'air
1.2 ouverture du sas: elle s'emmure dans son fun noir

"I don't want to give away the plot — it's about a planecrash and pilot—"
Robert Wilson *A Letter for Queen Victoria*

1.1 sur fond sonore en latex
1.2 le blablabla des marchettes

1.1 bébé-mildiou dans un black out
1.2 les mères de pied en cap

1.1 ses antécédents au bain-marie
1.2 et l'oxygène du trip

1.1 les yeux rougis à pleine page
1.2 écartée dans la broue de nos drames

1.1 j'ai fini de me prendre pour une dairy queen
1.2 la bouche ouverte sur ses dents: toujours le même disque

1.1 moman j'ai lâché le cordon ombilical en pleine voie lactée
1.2 moman!

1.1 "je vais vous raconter une p'tite histoire bien effrayante"
1.2 "je vais vous raconter une p'tite histoire qui vous fera pleurer"

1.1 coule à pic dans son sang placebo
1.2 babille dans sa bave

1.1 les dangers de fuite
1.2 "a tiger is not a lamb mein herr"

1.1 litote dépecée par son jury
1.2 "je sens monter comme une fièvre"

1.1 l'univers est un DC 8 nourri d'hémophiles
1.2 et j'écris pour *something bitter*

1.1 elle a comme un chat dans la gorge
1.2 et finit par se taire

(Que du stage blood, 1977)

Catherine (Ahearn) Firestone

Catherine (Ahearn) Firestone jouit de la distinction d'être un des rares écrivains canadiens qui puisse produire un texte en anglais aussi bien qu'en français avec la même aisance. Née à Ottawa elle a fait ses études à l'Université McGill à Montréal, à l'Université d'Aix-en-Provence et à l'Université d'Ottawa où elle prépare actuellement une édition critique des Cahiers du poète surréaliste Jacques Baron, en vue d'un doctorat en Lettres françaises.

Auteur de nombreuses études critiques sur les lettres et les arts au Canada parues dans les *Cahiers du Centre national des Arts* et dans des quotidiens anglophones, elle a aussi publié des poèmes dans les revues canadiennes *Hers, Canadian Review* et surtout dans les revues de l'Université d'Ottawa *Co-Incidences et La Rotonde.*

En 1975 elle a été invitée à lire ses poèmes au Festival d'Edimbourg. Son activité, cependant, ne se limite pas à la poésie puisqu'elle a déjà enseigné la littérature française à l'Université d'Ottawa et elle a préparé des scénarios de cinéma en collaboration avec son mari Thomas Ahearn.

Néanmoins, elle est connue avant tout pour deux recueils de poèmes qui ont paru simultanément en 1976: *L'Age de L'Aube* publié en langue francaise à Paris aux éditions Saint-Germain-des-Prés, et *Daydream Daughter* publié en langue anglaise au Canada, livre pour lequel elle a reçu le prix "A.J.M. Smith" de l'Université de l'Etat de Michigan.

Alvina Ruprecht

Poupée putain poétesse

Poupée sur le chambranle, brillants
dans les boucles comme les bougies de fête
les matelots l'admirent et ne touchent à rien
au port encore, l'ombre de ses pommettes au pollen
                                          rouge
Au bord encore, l'ombre des yeux du feu capiteux
et train au ciel d'avant le monde
hors des serments inconstants

Putain sur une plaque tournante
elle change si souvent de chemin
pour prendre dans ses nageoires
les patrouilles embarquées
A tout seigneur, tout honneur
si tous les goûts sont dans la nature
et dorénavant amour non restituable

Poétesse sur le pâtis, aussi triste
que le regard abaissé d'une Modigliani
aussi gaie que l'Espagnole
dansant sur les huertas de Valence
Elle transforme exquisement
mirage et missive en lueur contée
le vin résiné en vin cacheté

Et tu aimes cette poupée cette putain cette poétesse
Enfin tu as trouvé le topaze pervers qui pousse en déesse
                    (*L'Age de L'Aube*, 1976)

Un joli conquérant

Cet homme
qui porte deux foulards au cou
pour avoir la peau moins veuve

Cet homme
aux remous des liqueurs
et de la nuit tardive
dont la ressemblance avec le diesel est complète
consommant comme il fait des huiles lourdes

46

fonctionnant par auto-allumage
parfois aussi il prend mon feu

Cet homme
dirait-on un noceur qui accourt
ou un joli conquérant
qui veut jouer l'adoré
sur le champ de bataille
sans frein aux seins

Cet homme
dirait-on le plus beau du monde
dont les bien-aimées sont de tous les âges
de toutes les villes et de tous les oracles
les bien-aimées à la bouche de prune
qui circulent dans son sillage
alors qu'il ne jette jamais l'ancre

Cet homme
qui se dissimule derrière son humour
de lycéen
ô pudeur retournée

Cet homme
aux bras croisés derrière la tête
menaçant de herse et de pointes d'ascèse

Cet homme
qui plie les poèmes
qui les fourre dans ses poches
tandis que nos rires de fourrageurs
étourdissent les murs

Cet homme qui ne sait qu'il n'a rien à part
son coin de corps et nos quelques éblouissements
proximité qui est éloignement

(L'Age de l'Aube, 1976)

Beverley Harrison

La poésie féminine et féministe contemporaine au Canada anglais

And fly!
on wings new grown
O lady lady
Skim high sky
(Dorothy Livesay)

Les années 30 annoncent au Canada anglais, d'une part, le début de la poésie moderne, d'autre part, la contribution essentielle que les femmes-poètes ne vont cesser d'apporter aux différents mouvements poétiques contemporains.

Alors que la poésie féminine au XIXe siècle et au début du XXe ne compte que quelques grands noms tels que Isabella Valancy Crawford (1850-1887), Pauline Johnson (1862-1922), à partir de 1930 chaque décennie va révéler des femmes-poètes de grand talent. Ce sont tout d'abord Dorothy Livesay et Anne Marriott qui dans une langue sobre, réaliste, libérée du carcan du mètre, font oeuvre de critique sociale en dénonçant les horreurs de la dépression économique de 1929. A Montréal, où dans l'effervescence littéraire de l'entre-deux-guerres sont nées plusieurs importantes revues: *Preview* et *First Statement* trois femmes-poètes se font particulièrement remarquer: P.K. Page, Miriam Waddington et Kay Smith.

Si l'on considère ces différentes écritures poétiques féminines, on constate immédiatement que la voix de la poésie contemporaine au Canada anglais comme au Québec est essentiellement diversifiée et plurielle. Les critiques dans un souci de clarté, ont répondu à cette diversité en classant les poètes modernes et post-modernes par école et par région. C'est ainsi que l'on peut distinguer sept principaux centres régionaux poétiques: les provinces maritimes, Montréal, Toronto, Kingston, Windsor, les provinces de la prairie et la côte ouest. Ces centres régionaux sont représentés par plusieurs femmes dont les approches poétiques varient du traditionalisme à l'avant-garde.

Dans notre recueil, nous avons retenu pour les provinces maritimes Elizabeth Brewster dont l'oeuvre s'inscrit dans la tradition du naturalisme régional. Les poèmes-dessins de Judith Copithorne, curieuses arabesques blakéennes, illustrent la poésie concrète éminemment représentée par Bill Bissett et bpNichol. La poésie féministe du collectif des femmes, de Janis Rapoport et de Gwen Hauser ainsi que la poésie lyrique et profondément humaine de Miriam Waddington ne sont que quelques-unes des voix féminines qui se font entendre à Toronto. Enfin Léona Gom, poète de l'Alberta, présente une oeuvre poétique où le mythe de l'objet prend la place du mythe psychologique, tandis que Marya Fiamengo ajoute à la mosaïque canadienne son oeuvre colorée où prédomine le thème du dépaysement. La jeune poésie des années 70, poésie souvent engagée dans le domaine politique et social trouve peut-être son meilleur porte-parole en Margaret Atwood, brillante romancière, poète et critique qui allie avec bonheur dans son oeuvre les importantes métaphores sociales et politiques contemporaines aux aspects "oraculaires" d'une certaine poésie nouvelle.[1]

Ces écritures diverses de femmes-poètes canadiennes-anglaises figurent côte à côte avec une traduction en français, tentative de re-création par empathie d'un poème similaire, dans les structures d'une autre langue, dans le contexte d'une autre culture.

1. Cf. E. MANDEL, *Another Time*, (Porcepic, 1977, p. 138).

Dorothy Livesay
(née en 1909)

Née à Winnipeg dans le Manitoba, Dorothy Livesay se fit d'abord connaître comme poète. Plus tard au cours de sa longue carrière elle a, tour à tour, travaillé comme journaliste, assistante sociale, rédactrice, directrice de revue et professeur.

Licenciée és lettres de l'Université de Toronto, diplomée d'études supérieures de l'Université de Paris, elle a également un diplôme en sciences sociales de l'Université de Toronto et en sciences de l'éducation de l'Université de la Colombie britannique. Enfin elle est titulaire d'un doctorat en littérature de l'Université de Waterloo.

Au cours de ses années d'enseignante et de travailleuse sociale elle a beaucoup voyagé au Canada, aux Etats-Unis et en Afrique. Elle a occupé les postes d'écrivain en résidence à l'Université du Nouveau Brunswick et à l'Université d'Ottawa en 1977. Directrice-fondatrice de la revue littéraire *CV II*, Dorothy Livesay est également membre-fondateur de la ligue des poètes canadiens, de la section canadienne d'Amnesty International et du comité pour un Canada indépendant.

Deux fois lauréate du prix du Gouverneur Général, titulaire de la médaille Lorne Pierce décernée en littérature par la Société Royale, Dorothy Livesay a publié depuis 1928 une oeuvre abondante tant en poésie qu'en prose. Parmi ses recueils poétiques les plus importants figurent: *Green Pitcher* (1928); *Signpost* (1932); *Day and Night* (1944); *Selected Poems* (1957); *The Unquiet Bed* (1967); *Collected Poems: The Two Seasons* (1972); *Ice Age* (1975); *The Woman I Am* (1977). Elle est l'auteur de deux anthologies de poètes féminins: *40 Women Poets of Canada* (1972) et *Woman's Eye* (1974). Son oeuvre en prose comprend notamment des monographies sur Raymond Knister, Mazo de la Roche et Isabella Valancy Crawford ainsi qu'un recueil de nouvelles et un essai-collage sur les années 30, *Right Hand Left Hand* (1977).

Dorothy Livesay qui écrit depuis 50 ans n'a cessé d'exprimer dans sa poésie les problèmes que rencontre une femme artiste qui veut faire oeuvre de création. Frank Davey, dans *From There to Here*, (Press Porcepic, Erin, Ontario, 1974) la considère comme le meilleur poète lyrique canadien de sa génération. "Parmi ses oeuvres, (dit-il), se trouvent les poèmes qui, dans notre littérature traduisent avec le plus de force et de sensibilité la sexualité féminine".

THE UNQUIET BED

The woman I am
is not what you see
I'm not just bones
and crockery

the woman I am
knew love and hate
hating the chains
that parents make

longing that love
might set men free
yet hold them fast
in loyalty

the woman I am
is not what you see
move over love
make room for me

(Collected Poems, 1972)

Ballade d'une Femme Agée

La femme que je suis
n'est pas ce que tu vois
je ne suis ni squelette
ni faïence

La femme que je suis
a connu l'amour et la haine
haïssant les chaines
que font les parents

espérant que l'amour
pourrait libérer l'homme
mais le tenir droit
en loyauté

La femme que je suis
n'est pas ce que tu vois:
tourne, mon ami,
fais place pour moi.

(Traduction par Dorothy Livesay, 1967.)

NEWS FROM NOOTKA

(for Louis Frank, Ahausit)

They say the Tibetan monks came here
centuries past
wiped their feet on our shore —
In the roots of cedars
left silverware and prayers
walked into ocean
with incantations, ablutions
in praise of sunrise.

If it were all surmise
I'd be less shaken
than now, seeing you
strong, serene
priest of the cedars
figure emerging from argellite
sure-footed on the rock shore
launching canoes for fishing ...
"When we had enough
we gave the rest to the village."

Something of how you were taken
into the troughs of the ocean
riding upon it alone
all night long
"in the dark a man is so small, so small"
Something about the spray shaken
out of your hair
and the calm brow
assure me now
the ancient messages endure:
"Receive me, O Maker of Morning
ready to act for my people."

Raven laid the sun in your lap:
your mind caught fire.

(*Ice Age*, 1975)

NOUVELLES DE NOOTKA

(pour Louis Frank à Ahausit)

Les moines tibétains, dit la légende, vinrent en ces lieux
il y a bien des siècles
ils séchèrent leurs pieds au sable de nos rivages..
Au creux des racines de cèdres
ils déposèrent argenterie et prières
et pieds nus s'avancèrent dans l'océan
célébrant au milieu d'incantations et d'ablutions
le lever du soleil.

Tout cela ne serait-il que conjecture
je serais moins émue
que maintenant, à ta vue
puissant et serein
prêtre des cèdres;
tu émerges de l'argellite
ton pied agile foule le rivage rocheux
d'où tu lances ton canot de pêche...
"Quand on avait assez pour nous
on donnait le reste au village."

Quelque chose dans la façon dont l'océan t'emporta
au creux des lames,
dans une chevauchée solitaire
durant la longue nuit
"dans le noir un homme est si petit, si petit"
quelque chose dans ton front calme
ta façon de secouer
ta chevelure imprégnée d'embruns
m'assurent désormais
que l'antique message perdure:
"Accueille-moi, ô Créateur du Matin
prêt à oeuvrer pour mon peuple."

Corbeau déposa le soleil dans ton giron:
ton esprit s'enflamma.

© ellen tolmie

Miriam Waddington
(née en 1917)

Miriam Waddington est née à Winnipeg de parents juifs d'origine russe. Diplomée en travail social, elle a d'abord,pendant les années 40 et 50, exercé le métier d'assistante sociale ainsi que de professeur à l'Ecole de Travail Social de McGill. Ses années passées à Montréal jouèrent un rôle important dans le développement de sa carrière poétique car, dans cette ville, alors bouillonnante d'activités littéraires elle s'était jointe au groupe "First Statement" de John Sutherland. En 1963 elle décida de changer de carrière. Elle est actuellement professeur à l'Université York où, titulaire d'une maîtrise en anglais et d'un doctorat en littérature, elle enseigne la poésie moderne et la littérature canadienne.

Elle a publié 9 recueils de poésie dont les plus récents sont: *Say Yes* (1969); *Dream Telescope* (1972); *Driving Home* (Prix J.I. Segal 1972); *The Price of Gold* (1976). Elle est également l'auteur des éditions critiques des oeuvres de John Sutherland et de A.M. Klein. Elle a d'ailleurs écrit un remarquable ouvrage critique sur ce dernier. Elle a publié, en outre, dans de nombreuses anthologies au Canada, en Angleterre et aux Etats-Unis, notamment dans *Borestone Mountain Anthology* (1963, 1966, 1974), recueil des meilleurs poèmes de l'année.

La poésie essentiellement lyrique de Miriam Waddington, qui parle du "monde vert" du poème, monde de fraîcheur, de joie et de tendresse, qui parle de l'amour, de sa vie de femme et d'épouse, de son héritage juif, révèle sa profonde sensibilité féminine, sa vitalité et sa sincérité passionnée. Mais Miriam Waddington est loin d'être uniquement tournée vers son univers intérieur, sa poésie dénonce avec force les problèmes sociaux nés de la concentration et de la promiscuité dans nos inhumaines agglomérations urbaines.

IN THE BIG CITY

On South and Fourteenth street,
wind assaulted her
dark voices shuttered her
chaos threatened her.

Then fear exploded
brilliant on trolley tracks,
a motor-cycle leaped
against a wall of flame;

a forest of faces grew
thick on the edge of night,
hot smiles crowded her,
loose elbows jostled her.

Among faces anonymous
was one she recognized,
the hunter loneliness
had stalked and followed her.

She turns now and runs
to buildings to shelter her,
her feet hold to earth,
the mother who nourished her;

Relentless the hunter
through the night follows her,
hate his ragged hound
knows love is her camouflage;

Furious they stalk the night
through the jungle streets,
terror spills its stars
over her leopard flight

And fear now feels its shape
alter with every hour;
child of itself in her,
fear is reborn

New and apart from her.
At dawn they separate
childless in empty streets
hunter covers his sightless eyes.
(*Driving Home*, 1973)

DANS LA GRANDE CITE

A l'angle de la Rue du Sud et de la Quatorzième Avenue,
le vent la prit d'assaut
de sombres voix l'emprisonnèrent
le chaos la menaça.

Puis une explosion de peur
jaillit brillante sur les rails du tramway,
une moto s'élança
contre un mur de flamme;

une forêt de visages se multiplia
à l'orée de la nuit
de chauds sourires l'étouffaient,
des bas ballants la coudoyaient

Au milieu des visages anonymes
elle en reconnut un,
le chasseur solitude
l'avait traquée d'affût en affût.

Elle tourne le coin maintenant et court
vers l'abri des bâtiments,
ses pieds se retiennent à la terre,
sa mère nourricière;

Sans répit le chasseur
la poursuit à travers la nuit,
la haine son affreux chien courant
sait que l'amour est son camouflage.

Furieuse poursuite au coeur de la nuit
à travers la jungle des rues,
la terreur parsème d'étoiles
sa course fugitive de léopard

Et sa crainte maintenant
se métamorphose d'heure en heure;
la peur en elle
renaît de sa propre substance

Forme nouvelle et autonome.
A l'aube ils se séparent
Sans enfant dans les rues vides
le chasseur masque ses yeux sans regard.

Elizabeth Brewster

(née en 1922)

Elle est née à Chipman dans le Nouveau-Brunswick où elle a passé son enfance. Ses études l'ont conduite aux Etats-Unis, à Toronto et en Angleterre. Bibliothécaire de son état, elle enseigne actuellement la création littéraire à l'Université de la Saskatchewan.

Depuis 1951, date de parution de sa première plaquette de poèmes, intitulée *East Coast*, elle a publié successivement *Lillooet* (1954), *Roads and Other Poems* (1957), *Passage of Summer* (1969), *Sunrise North* (1972), *In Search of Eros* (1974) et *Sometimes I think of Moving* (1977). Elle figure également dans le recueil collectif *Five New Brunswick Poets* (1962). A son oeuvre poétique s'ajoute une oeuvre de fiction *The Sisters* (1974).

La poésie d'Elizabeth Brewster qui emprunte des modes d'expression variés: sonnet, élégie, poème narratif ou imagiste, traduit, à la fois, la vision du monde d'un observateur lucide au détachement ironique et d'une femme-poète sensible et profondément humaine.

BAD DREAMS

Bad dreams these nights...
my friend tells me
the rivers of his dreams are full
of dead dismembered bodies
under ice.

I dreamed myself
a familiar figure stood at my door, saying
"What's the matter? don't you know me?
Aren't you glad to see me?"
And I said "Yes"
to the old friend back from the grave.
"I am glad to see you
but I don't like that death's head
on your shoulders."

Sunny day today,
cool and cheerful,
a day for exorcising
all bad dreams.

I walk down to the next street,
buy a loaf of bread
and five pink roses;
come home, snip
their ends off,
put them in water,
carefully peal away
a few brown petals
leaving their tight pink
unmarred centre.

Later I remember
the death's head in the dream
brought me roses.

MAUVAIS RÊVES

Mauvais rêves ces dernières nuits...
mon ami me dit
que les fleuves de ses rêves charrient
les corps mutilés des morts
sous la glace.

Moi aussi j'ai rêvé
une silhouette familière se tenait à ma porte
"qu'y a-t-il? ne me reconnaissez vous point?
N'êtes-vous point heureuse de me voir?"
Et je répondis oui
au vieil ami sorti de la tombe.
"Je suis heureuse de vous voir
Mais je n'aime pas cette tête de mort
sur vos épaules.

Aujourd'hui jour ensoleillé
à la fraîche gaîté
jour rêvé pour exorciser
tous les mauvais rêves.

Je descends dans la rue à côté,
j'achète une flûte de pain
et cinq roses couleur de rose;
je rentre, leur coupe
le bout de la queue
et les place dans l'eau;
avec soin j'effeuille
quelques pétales brunis
je découvre le bouton
de leur coeur rose immaculé.

Plus tard je me souviens
La tête de mort dans mon rêve
m'avait apporté des roses.

Marya Ekaterina Fiamengo
(née en 1926)

Née à Vancouver de parents serbo-croates, elle est titulaire d'une maîtrise de l'Université de la Colombie Britannique.

Co-présidente de la ligue des poètes canadiens pour l'année 1975-76, cette universitaire est l'auteur d'articles de critique et des recueils de poèmes suivants: *The Quality of Halves* (1958) *Overheard at the Oracle* (1969); *Silt of Iron* (1971); *In Praise of Old Women* (1975).

Marya Fiamengo ajoute à la mosaïque poétique canadienne son oeuvre colorée aux métaphores hardies. Le thème du dépaysement tient une place importante dans sa poésie. Tantôt il revêt une forme très précise et traduit la perte des cultures traditionnelles au Canada à cause de l'impérialisme culturel américain. Tantôt comme dans *La Plume du Corbeau* il exprime l'élégiaque nostalgie de quelque millénium.

RAVEN'S FEATHER
(For Daryl Hine)

The rain falls again.
I am glad you are not here
who hate the rain.
My father in his simple manhood
fished with Haida and Kwakiutl Indians.
They understood about the rain.

I am waiting for the raven's feather
to blossom
and reading the history of the revolution,
turning the bones of my father's friends
into legends
that will not dissolve in the rain.

Implausible compatriots
in a house where native candles burnt
before the Ikon in the front room
and Trotskyites with difficult names
talked at the kitchen table.
Occasionally a coastal Indian
from Bella Coola came.

My mother singing in the kitchen.
"I will fly over the fatal field
dark as a raven.
I will search for the gored
red gold of the falcon.
Earthly beauty comes to an end."

Indeed I learnt much later
Blaed is gehnaeged.
Strange to read in an alien language
what my mother sang in a Balkan dialect.

The falcon has perished
on the fields of Kossovo
on the banks of the Volga
earthen indrythe ealdath and searath.

I think this is called
elegiac nostalgia
and it leaves you in the rain
waiting for the raven's feather
to bloom.

(Silt of Iron, 1971)

La plume du corbeau
(A Daryl Hine[1])

La pluie se remet à tomber.
Je suis heureuse que vous ne soyez ici
Vous qui détestiez la pluie.
Mon père homme viril et simple
Pêchait en compagnie des Indiens Haida et Kwakiutl.
Eux connaissaient les mystères de la pluie.

J'attends que fleurisse
La plume du corbeau
Et je lis l'histoire de la révolution
Changeant les os des amis de mon père
En légendes
Que la pluie ne pourra effacer.

Incroyables compatriotes
Dans une maison où brûlaient des cierges de ce pays
Devant l'Icone dans la pièce sur la rue
Où des Trotskiistes aux noms compliqués
Bavardaient autour de la table de la cuisine.
Parfois un Indien de la côte
Venait de Bella Coola.

Ma mère chantait dans la cuisine.
"Je volerai au-dessus du champ de mort
Aussi noir qu'un corbeau.
Je chercherai l'or rouge
Ensanglanté du faucon.
Sur cette terre toute beauté a une fin."

En fait j'ai appris beaucoup plus tard
Que la valeur succombe[2].
Curieuse chose que de lire en une langue étrangère
Ce que ma mère chantait dans son dialecte des Balkans.

Le faucon a péri
Dans les plaines de Kossovo
Sur les bords de la Volga
Ces nobles surgeons ont vieilli et se sont desséchés[3].

Ceci a pour nom je crois
Nostalgie élégiaque
Et elle vous laisse sous la pluie
Attendant que fleurisse
La plume du corbeau
                    (Paru dans *Poésie Présente* XIX, 1978)

1. HINE (Daryl), écrivain canadien, né à Vancouver en 1936, auteur de recueils lyriques et
de romans.
2. En "vieil-anglais" dans le texte. "Blaed is gehnaeged." Cf. "The SeaFarer" in *The Earliest
English Poems*. University of California Press, Berkeley and Los Angeles 1970, p. 103, l. 88.

3. "earthen indryhte ealdath and searath." Ibid. p. 103, l. 89.

Margaret Atwood
(née en 1939)

Elle est née à Ottawa. Diplomée de l'Université de Toronto, titulaire d'une maîtrise du Collège Radcliffe à Harvard, docteur honoris causa des Universités Trent et Queen's, elle a enseigné dans plusieurs universités canadiennes, a été écrivain en résidence en 1972-73 à l'Université de Toronto. Elle habite actuellement dans une ferme dans la petite ville ontarienne d'Alliston où elle consacre à l'écriture le temps que lui laissent ses obligations d'écrivain de réputation internationale.

Son premier recueil de poésie (*Double Persephone* 1961) paraît alors qu'elle n'a guère plus de vingt ans. A ce jour on lui doit une impressionnante oeuvre poétique, romanesque et critique pour laquelle elle s'est vu décerner 8 prix littéraires notamment le prix du Gouverneur Général en 1966, le 1er prix au Concours de la Commission du Centenaire en 1967 et the Canadian Booksellers' Association Award en 1977. Ses principaux recueils de poésie sont: *The Circle Game* (1967); *The Animals in that Country* (1968); *The Journals of Susanna Moodie* (1970); *Procedures for Underground* (1970); *Power Politics* (1971); *You are Happy* (1974); *Selected Poems* (1976). Outre trois romans: *The Edible Woman* (1969); *Surfacing* (1973) et *Lady Oracle* (1976), elle a publié récemment un recueil de nouvelles *Dancing Girls* (1977). Son oeuvre critique comprend de nombreux comptes rendus et articles ainsi que son fameux guide thématique de la littérature canadienne *Survival* (1972).

Définir l'oeuvre de Margaret Atwood en quelques mots est quasi impossible. Celui qui l'a peut-être fait avec le plus de bonheur est George Woodcock. Selon lui "l'oeuvre de cette première véritable femme de lettres canadienne allie un intense réalisme psychologique à une grande sensibilité visuelle, une vision austère des relations humaines à un usage restreint de discipline. Sa phrase extraordinaire de vigueur et de vitalité se met au service d'une lucidité non dénuée de compassion qui distingue à nos yeux Margaret Atwood poète."

A RED SHIRT
(for Ruth)

i)

My sister and I are sewing
a red shirt for my daughter.
She pins, I hem, we pass the scissors
back and forth across the table.

Children should not wear red,
a man once told me.
Young girls should not wear red.

In some countries it is the colour
of death; in others passion,
in others war, in others anger,
in others the sacrifice

of shed blood. A girl should be
a veil, a white shadow, bloodless
as a moon on water; not
dangerous; she should

keep silent and avoid
red shoes, red stockings, dancing
Dancing in red shoes will kill you.

ii)

But red is our colour by birth-

right, the colour of tense joy
and spilled pain that joins us

to each other. We stoop over
the table, the constant pull

of the earth's gravity furrowing
our bodies, tugging us down.

The shirt we make is stained
with our words, our stories.

The shadows the light casts
on the wall behind us multiply:

This is the procession
of old leathery mothers,

the moon's last quarter
before the blank night,

mothers like worn gloves
wrinkled to the shapes of their lives,

passing the work from hand to hand,
mother to daughter,

a long thread of red blood, not yet broken

iii)

Let me tell you the story
about the Old Woman.

First: she weaves your body.
Second: she weaves your soul.

Third: she is hated and feared,
though not by those who know her.

She is the witch you burned
by daylight and crept from your home

to consult and bribe at night. The love
that tortured you you blamed on her.

She can change her form,
and like your mother she is covered with fur.

the black Madonna
studded with miniature

arms and legs, like tin stars,
to whom they offer agony

and red candles when there is no other
help or comfort, is also her.

iv)

It is January, it's raining, this grey
ordinary day. My
daughter, I would like

your shirt to be just a shirt,
no charms or fables. But fables
and charms swarm here,
in this January world,
entrenching us like snow, and few
are friendly to you; though
they are strong,
potent as viruses
or virginal angels dancing
on the heads of pins,
potent as the hearts
of whores torn out
by the roots because they were thought
to be solid gold, or heavy
as the imaginary
jewels they used to split
the heads of Jews for.

It may not be true
that one myth cancels another.
Nevertheless, in a corner
of the hem, where it will not be seen,
where you will inherit
it, I make this tiny
stitch, my private magic.

v)

The shirt is finished: red
with purple flowers and pearl
buttons. My daughter puts it on,

hugging the colour
which means nothing to her
except that it is warm
and bright. In her bare

feet she runs across the floor,
escaping from us, her new game,
waving her red arms

in delight, and the air
explodes with banners.

Une tunique rouge
(Pour Ruth)

I)

Ma soeur et moi faisons
une tunique rouge à ma fille.
Elle épingle, j'ourle,
les ciseaux font la navette au-dessus de la table.

Le rouge ne sied pas aux enfants
un homme m'a dit un jour.
Le rouge ne sied pas aux petites filles.

Dans certains pays c'est la couleur
de la mort; dans d'autres de la passion,
de la guerre, ou de la colère,
dans d'autres enfin

du sang sacrificiel. Une jeune fille devrait être
un voile, une ombre blanche, exsangue
comme une lune sur l'eau; créature
non maléfique, elle devrait être

silencieuse, ne porter ni chaussures rouges
ni bas rouges et surtout ne pas danser
car danser en chaussures rouges appelle la mort.

II)

Mais le rouge est notre droit
de naissance, couleur de la tension joyeuse
et du flux de douleur qui nous unit

l'une à l'autre. Nous sommes courbées
sur la table, constamment attirées

par la force de la gravité terrestre
qui laboure nos corps et nous entraîne vers le bas.

La tunique que nous faisons est tachée
de nos mots, de nos histoires.

Les ombres projetées par la lumière
sur le mur derrière nous se multiplient:

C'est la procession
des vieilles mères au cuir tanné,

le dernier quartier de la lune
avant la nuit vide,

mères usées comme de vieux gants
dont les formes ridées ont pris le contour de leur vie,

se passant le travail de main en main,
de mère en fille,

un long filet de sang rouge encore ininterrompu.

III)

Que je vous conte l'histoire
de la Vieille Femme.

Premièrement: elle tisse votre corps
Deuxièmement: elle tisse votre âme.

Troisièmement: elle est crainte et redoutée,
mais non de ceux qui la connaissent.

Elle est la sorcière que vous brûliez le jour
et que quittant furtivement la maison

vous alliez consulter et soudoyer la nuit.
L'amour qui vous torturait vous l'en blâmiez.

Elle peut changer de forme,
et comme votre mère elle est couverte de fourrure.

La Vierge noire
constellée de bras et de jambes minuscules

comme autant d'étoiles en fer blanc
la Madone à qui l'on offre ses souffrances

et des lumignons rouges quand il n'y a pas d'autre
recours ni réconfort, c'est elle aussi.

IV)

C'est janvier, il pleut, en ce banal
jour gris. Ma
fille, je voudrais
que ta tunique soit une simple tunique,

sans légendes ni sortilèges. Mais les sortilèges
et les légendes sont légion ici
en ce monde de janvier,
ils nous emprisonnent comme la neige, et peu
te sont favorables; cependant
ils sont forts,
aussi puissants que des virus
que des anges virginaux qui
dansent sur des têtes d'épingles,
aussi puissants que les coeurs
des putains arrachés
par la racine parce qu'on les croyait
faits d'or massif, aussi lourds
que les joyaux
imaginaires pour lesquels on fendait
le crâne des Juifs.

Ce n'est peut-être pas vrai
qu'un mythe en annule en autre.
Cependant, dans un coin
de l'ourlet, là où on ne le verra pas
là où tu en hériteras
je fais ce petit point,
arcane de ma propre magie.

V)

La tunique est terminée: elle est rouge
ornée de fleurs violettes et de boutons
de perle. Ma fille la met,

Serrant sur son coeur cette couleur
qui n'est rien pour elle
sinon un ton chaud et
brillant. Pieds nus

elle traverse le parquet en courant,
elle nous échappe, son nouveau jeu:
agiter de plaisir ses bras rouges

et l'air explose
d'oriflammes.

Janis Rapoport
(née en 1946)

Janis Rapoport est née à Toronto dans l'Ontario. Elle a fait ses études à Toronto et à Neuchâtel, en Suisse. De 1964 à 1967 elle a suivi des cours à New College à l'Université de Toronto où elle a reçu son diplôme de philosophie. Janis Rapoport a vécu et travaillé à Montréal, à Québec et à Londres en Angleterre. Elle réside actuellement à Toronto avec ses trois enfants.

Janis Rapoport a travaillé comme hôtesse du gouvernement au Pavillon du Canada lors de l'Exposition de 1967; elle a également été professeur, éditrice et rédactrice. Elle est membre de la Ligue des Poètes Canadiens, d'Actra et a fait partie du bureau des associations suivantes: the Book Publishers' Professional Association et the Canadian Periodical Publishers' Association.

A présent elle consacre tout son temps à sa carrière de poète et de dramaturge. Elle a publié trois recueils de poésie: *Within the Whirling Moment* (1967); *Foothills* (1973); *Jeremy's Dream* (1974). Un quatrième recueil *Winter Flowers* doit paraître à l'automne 1978. Plusieurs de ses poèmes ont paru dans des magazines au Canada et aux Etats-Unis et ont fait l'objet de lectures sur les ondes de la C.B.C. Ses pièces: *And She Could Eat No Lean* (1975); *Freckles and Bruises* (1976); *Gilgamesh* (1976) ont été jouées au Canada et aux Etats-Unis. Sa dernière pièce montée à l'automne retrace les expériences de diverses femmes dans un centre de détresse. C'est également la femme qui est au centre de son dernier recueil de poèmes *Jeremy's Dream*, qu'ils expriment le désir sexuel, l'inconstance de l'amour ou les souffrances physiologiques de l'enfantement.

HE

Large white animals
close the door.
It is summer and
the evening rain
rings his neck
and wrists
with sunset beads.
Pine needles sharpen
on the floor

Outside, aborted children
pave the city streets:
the drunks, the junkies
and the whores;
toward them he turns
a nose and lips.
His profile whitens against
the reddening night

Like a prince or a god
he grips her womb
between his thighs
so that she
cannot go from him.
She will never leave
the twilight of his room

"IL"

De grands animaux blancs
ferment la porte.
C'est l'été
La pluie du soir
ceint de perles de couchant
son cou
et ses poignets.
Des aiguilles de pin s'aiguisent
au sol.

Dehors, les avortons
pavent les rues de la ville:
les ivrognes, les drogués
les putains;
il tourne vers eux
une lippe dédaigneuse.
Son profil se découpe, blanc
dans un halo rougeoyant de nuit

Prince ou dieu
il enserre entre ses cuisses
la matrice de la femme
Il la retient
prisonnière
Jamais elle ne quittera
le crépuscule de sa chambre

Gwen Hauser
(née en 1944)

Je suis née dans l'Alberta. Le but premier de ma poésie est de traduire la lutte quotidienne du peuple contre les forces fascistes et répressives. Ce qui m'intéresse tout particulièrement dans cette lutte est la façon dont elle affecte les femmes. A présent je travaille à temps partiel comme ouvrière dans une usine à Toronto où j'organise des lectures et des ateliers de poésie: *A Women Poets' Salon* et *The Poets' Junction*. Je suis actuellement engagée dans le Mouvement des Femmes qui est pour moi la plus grande source d'enthousiasme et de rajeunissement. Ma poésie dénonce essentiellement la base économique du sexisme et l'exploitation des femmes. Mon dernier recueil de poésie intitulé *The Ordinary Invisible Woman* a paru en 1978.

Gwen Hauser

The Kanada Dry Poems (Extract)

...Big Brother wants to create
 a servant-class of eunuchs,
robots brainwashed & idiotically
  smiling & happy-
Big Brother wants a world
 of flesh-and-blood human dolls
sexually available
 who he calls "women"
Big Brother is
 a limp leaking prick
& Big Brother lives
 in every home-
Big Brother is the "spiritual"hippy
 in the health-food store
& Big Brother is
 the businessman
behind the big
 glass door

Big Brother is your lover
 husband & father
Big Brother sells
 Vogue magazine

Big Brother gives you
        True Romance
(& Jimi Hendrix
        & Mick Jagger)
& Big Brother makes
        millions of dollars
from birth-control pills
        that give women cancer

Big Brother is the rapist
        in the doctor's robes
Big Brother is the pimp
        & the judge who sentences women
for being immoral

Big Brother is the Shrink
        who convinces women they're ill-

Big Brother is the Man
        in every woman's head.

                            Gwen Hauser

...Grand Frère veut créer
        une caste d'esclaves eunuques
robots programmés au sourire
        béatement idiot.
Grand Frère veut un monde
        de vivantes poupées de chair et de sang
au sexe disponible
        il les appelle "femmes"
Grand Frère est
        une biroute flasque dégoulinante
Et Grand Frère habite
        dans chaque foyer.
Grand Frère est le hippy "spirituel"
        dans le magasin de produits de santé
Et Grand Frère est
        l'homme d'affaires

derrière la grande
   porte vitrée
Grand Frère est votre amant
   votre mari et votre père
Grand Frère vend
   le magazine Vogue
Grand Frère vous donne
   du vrai romanesque
(Et Jimi Hendrix
 Et Mick Jagger)
Et Grand Frère retire
   des millions de dollars
de la vente de pilules contraceptives
qui donnent le cancer aux femmes
Grand Frère est le médecin en blouse blanche
   qui viole la femme
Grand Frère est le souteneur
   et le juge qui condamne les femmes
pour immoralité
Grand Frère est le psychiatre
qui persuade les femmes qu'elles sont névrosées.

Grand Frère est l'Homme
   dans l'esprit de chaque femme.

The Women's Writing Collective
Le Collectif des Ecrivaines de Toronto

- Gay Allison
- Lynne Fernie
- Charlene d. Sheard
- Betsy Warland-Van Horn

Gay D. Allison

Je suis une écrivaine du Canada de l'ouest qui a beaucoup voyagé et qui réside actuellement à Toronto. J'ai occupé plusieurs emplois mais j'ai surtout travaillé dans des services pour les immigrants. J'écris de la poésie, des articles, des poèmes et histoires pour enfants. Je m'intéresse également beaucoup à l'aquarelle, à la photographie et à l'art cinématograhique. A présent je fais partie du Collectif des Ecrivaines qui organise des ateliers et des lectures de poésie pour les femmes-écrivains de Toronto. J'ai été co-organisatrice de l'événement poétique "Landscape: A Toronto Women's Poetry Experience" et co-éditrice de l'anthologie du même nom. Plusieurs de mes poèmes ont été publiés dans *Flights Near and Far*; *The Other Woman*; *Women and their Writing, I & II* (édité par le Collectif). J'ai donné des lectures de poésie à Bongard House, Three of Cups, Harbourfront, à Atkinson College et Sheridan College, au Women's Cultural Centre et au Café Montmartre.

Gay D. Allison

D. Lynne Fernie
(née en 1946)

Je suis née à Kamloops en Colombie Britannique. J'ai passé mon enfance dans la vallée de l'Okanagan. J'ai habité et travaillé à Vancouver (1960-1967), à Montréal (1967-1970) et à Toronto où je réside actuellement.

Ecrivaine de l'Ouest du Canada j'écris de la poésie et des nouvelles. En 1975 j'ai joint le Collectif des Ecrivaines de Toronto. J'ai donné plusieurs lectures de poésie en 1976 (Three Cups; C.H.A.T.; The 1976 Gay Conference) et en 1977 (Atkinson College; Three of Cups; Sheridan College; Women's Poetry Reading and Workshop presented by Partisan; Harbourfront; Landscape). Plusieurs de mes poèmes ont été publiés dans *Esprit Magazine* et *Landscape*, une anthologie de femmes-poètes de Toronto. Je suis également artiste-peintre; j'ai participé à quatre expositions collectives (1973-1977) et en 1976 j'ai eu une exposition entièrement consacrée à mes peintures et mes dessins. Une autre exposition de dessins est prévue pour 1978.

Lynne Fernie

Charlene d. Sheard

Je suis une poète féministe née à Toronto. J'écris depuis plus de quatorze ans. Je suis un membre actif du Collectif des Ecrivaines depuis sa formation en janvier 1974. J'ai beaucoup voyagé en particulier en Australie et en Europe. A présent je travaille à un diplôme en Etudes Féminines à l'Université York. En 1976 et 1977 j'ai donné des lectures de poésie à Bongard House, C.H.A.T., à York University, Sheridan College, Harbourfront et au Café Three of Cups. En 1977 j'ai été co-organisatrice de Landscape: A Women's Poetry Experience. Mes poèmes ont paru dans: *The Other Woman, Breakthrough, The Body Politic, Long Time Coming, Women and Their Writing* I, II, *Landscape.*

Charlene d. Sheard

Betsy Warland-Van Horn

Fondatrice du Collectif des Ecrivaines de Toronto organisatrice de Landscape: A Women's Poetry Experience. J'ai publié plusieurs poèmes dans *Waves, Room of One's Own, Branching Out, Landscape, Woman A Journal of Liberation* et *Chips* (Etats-Unis). J'ai donné des lectures de poésie à Harbourfront, York University, Sheridan College, C.H.A.T., Bongard House, Trinity Square et au Café Three of Cups.

Betsy Warland-Van Horn

Si les noms de Gay Allison, Lynne Fernie, Charlene D. Sheard, Betsy Warland-Van Horn figurent côte à côte c'est parce que ces jeunes poètes font toutes partie du Collectif des Ecrivaines de Toronto mais c'est surtout parce qu'elles ont mis au point un mode original de lecture collective de leurs poèmes. Elles-mêmes ont défini leur groupe "Catharsis" en ces termes: "Nous avons choisi le nom Catharsis parce que le contenu de la majeure partie de la poésie que nous présentons se veut l'exutoire de la colère et des autres émotions exprimées dans certaines situations humaines seulement récemment explorées par la poésie de femmes. Nous avons pensé que notre poésie, bien que de caractère personnel, exprimait les expériences de beaucoup de femmes qui à des degrés divers étaient en train de prendre conscience de leur position par rapport à l'histoire et de la définition de leurs rôles dans la société.

Les poèmes de chacune d'entre nous s'enchaînent pour créer une oeuvre unique à la manière d'une pièce de théâtre lue. Nous procédons par "rounds". Chacune lit un poème qui développe et éclaire les poèmes du "round" précédent. Le choix des poèmes s'effectue de façon à traiter des aspects légèrement différents d'un thème donné.

Le premier "round" se déroule parmi le public; chaque poète se lève à son tour dans un point différent de la salle et lit un poème où s'expriment l'énergie et la revendication d'indépendance qui sont à l'origine du collectif des poètes.

Le deux "rounds" suivants analysent les tensions que créent nos rapports avec autrui. Le quatrième "round" met en scène la lutte entre les principes d'indépendance et d'inter-dépendance. Les poètes accentuent l'impact émotionnel de la lecture par un battement cadencé de la poitrine qui reproduit le son des battements du coeur. Les poètes donnent alors une lecture indépendante de leurs oeuvres qui développe le thèmes des "rounds" qui ont précédé. Le spectacle culmine et s'achève en un cinquième "round" où chaque poète indique la position qu'il a prise...

Le mode de lecture collectif reflète la phase actuelle de notre écriture, de notre expérience de femmes et de notre amitié - facteurs dynamiques essentiels à la création poétique."

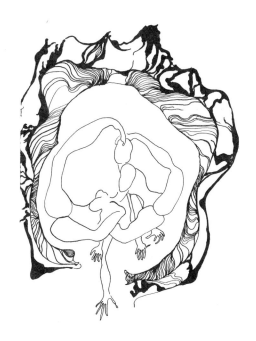

Beverley Harrison

Fungus Lady

Somewhere
in the rainspace
between the lichens
and the rocks
you can find me.
I am clinging
to the mushrooms
and the mosses
tightly curled
and wet green.
If you bend
more closely
you will feel
my cool breathing
next to yours.
(Gay Allison in *Landscape*, 1977)

La Dame aux champignons

Quelque part
dans l'espace des pluies
entre les lichens
et les rocs
tu peux me trouver.
Je m'accroche
aux champignons
et aux mousses
étroitement enlacée
et vert mouillé.
Si tu te penches
un peu plus bas
tu sentiras
mon souffle frais
près du tien.

I used to see you, grey
and lean as a wolf
stalking alone on some horizon
where the sun never rose
to cast distinct shadows
        (it was always moonlight)

you would blur
fade in and out of dark
forests, fangs sometimes
bared for a kill
        (you were always hungry)

but now I see you
devoid of myth,
        (that is not to say that wolves
        do not run in your blood)

and hunting like the rest of us
in the carefully organized aisles
of the corner supermarket

casting a shadow as distinct
as pain.

                D. Lynne Fernie

Je te voyais, gris
et maigre comme le loup solitaire
qui se profile majestueux à l'horizon d'une contrée
où le soleil ne se lève jamais
pour différencier l'ombre
        (c'était toujours clair de lune)

contour imprécis
tu t'évanouissais dans les sombres forêts
et tu en sortais, montrant parfois tes crocs
avides de carnage
        (tu étais toujours affamé)

mais maintenant je te vois
sans ton aura mythique
        (ceci ne veut pas dire que tu n'agisses
        plus en loup)

mais tu chasses comme nous autres
dans les allées délimitées avec soin
du supermarché du coin
et ton ombre se projette distincte
comme la douleur.

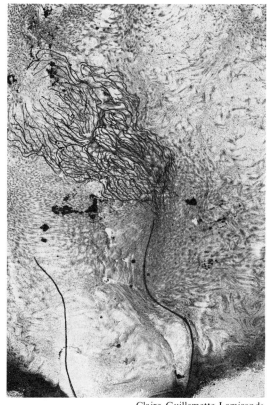

Claire Guillemette-Lamirande

you sit between
my open thighs;
we are having
a conversation
about something/
    anything
to cover up the
whisperings from
my core.
my lips are
    parting/
  breathing
opening up to you/
    for you;
you hear them
you feel their heat
  sense their scent;
they are speaking out
in gentle murmurs
they are signalling
for you to listen/
    to respond;
you place your hand
in mine/rest it
on my tight thigh/
you do not hear

those silent screams.
i am frightened
you will feel my
quaking/ my
dampness/
i am frightened
you will leave....

i quickly refill
your coffee cup/
an excuse to move/
and continue
our conversation
about something/
    anything.
Charlene d. Sheard, June 3, 1977.

79

tu es assis entre
mes cuisses ouvertes;
nous parlons de
        quelque chose/
        n'importe quoi
pour étouffer les
murmures de
mon creuset.
mes lèvres
        s'écartent/
  respirent
elles s'ouvrent à toi/
        pour toi;
tu les entends
tu sens leur chaleur
tu respires leur parfum
elles t'appellent
en un doux murmure
elles te font signe
        d'écouter/
        de répondre;
tu places ta main
dans la mienne / elle repose
sur ma cuisse tendue/
tu n'entends pas
ces cris du silence.
j'ai peur
que tu sentes mon
corps tremblant/ mon corps
humide
j'ai peur
que tu partes...

rapidement je remplis
ta tasse de café/
simple excuse pour remuer/
et reprendre
notre conversation
sur quelque chose/
        n'importe quoi.

and i must be careful

i rub my fingers on your skin;
your skin is like the shell of an egg,

and i must be careful.

when we talk our words are terribly thin
easily broken, easily damaged
like your eggshell skin,

and i must be careful.

sometimes i need to be held by you
but this would not do, no this would not do;
you are to be held: you can not hold me,

and i must be careful.

an egg is a perfect, self-contained shape
yet its shell is stiff with suspicion of rape,

and i must be careful,

eggs are (circle one of the following):
      eaten
      rotten
      hatched
      decorated

and i must be careful.
(Betsy Warland - Van Horn in *Landscape*, 1977)

et quelle précaution il me faut prendre

je frotte mes doigts contre ta peau
ta peau pareille à une coquille d'oeuf;

et quelle précaution il me faut prendre.

quand nous parlons nos mots sont affreusement fragiles
aisément brisés, aisément écrasés
comme ta peau de coquille

et quelle précaution il me faut prendre.

parfois j'ai besoin de ton étreinte
mais ceci est impossible, totalement impossible;
il faut que l'on t'étreigne: tu ne peux étreindre,

et quelle précaution il me faut prendre.

un oeuf est une forme parfaite, autonome
cependant sa coquille se durcit au moindre soupçon de viol,

et quelle précaution il me faut prendre

les oeufs sont: (encerclez une des réponses suivantes)
        mangés
        pourris
        éclos
        décorés

et quelle précaution il me faut prendre.

Judy Copithorne
(née en 1939)

Judy Copithorne est née à Vancouver. Cette femme-poète est également dessinatrice de talent. Ses poèmes picturaux, véritables arabesques baroques illustrent un aspect de la poésie concrète au Canada. Judy Copithorne a publié plusieurs recueils de poèmes, composés essentiellement de poèmes concrets visuels, graphismes et dessins:

Rain, Ganglia Press, Toronto, 1969

Until Now, J.B. He She & It Works, Vancouver, 1971.

Arrangements, Intermedia Press, Vancouver, 1973 '

Dans *Four Part sand* publié en 1972 par Oberon Press à Ottawa plusieurs de ses poèmes figurent à côté de ceux de B. Bissett, E. Birney et A. Suknaski.

Rose bush, Plymouth &
Olivetti each equally
lovely in morning's
sunny garden. Light
leaping off multiplicity
of incredibly green
grass blades.

Rose au rosier, Plymouth et Olivetti, toutes trois aussi belles au jardin
ensoleillé du matin. Lumière irradiée de multiples brins d'herbe si intensément verts.

85

Leona Gom
(née en 1946)

Leona Gom est native de la région de Peace River dans l'Alberta. Après l'obtention d'un baccalauréat en éducation et d'une maîtrise à l'université de l'Alberta elle visite plusieurs pays d'Europe. A son retour au Canada elle s'installe à Surrey en Colombie Britannique où elle enseigne à Douglas College.

Attirée très jeune par la poésie, Leona Gom est un membre actif de la "League of Canadian Poets". Ses poèmes ont été publiés dans diverses revues poétiques et dans les anthologies suivantes: *40 Women Poets of Canada*; *39 Below*; *Woman's eye*. Ses deux derniers recueils de poésie sont:
Kindling, Fiddlehead Poetry Books, Univ. of New Brunswick, Fredericton, N.B. 1972.
The Singletree. Sono Nis Press, 1745 Blanchard St., Victoria, B.C. 1975.
C'est peut-être Douglas Barbour qui a le mieux défini la poésie de Leona Gom. Elle "exprime avec une telle finesse les sentiments de ceux qui ont dû quitter la sécurité de leur habitat rural mais qui cependant n'échappent jamais entièrement à son emprise."

NORTHERN ALBERTA

This is no place for poetry;
there are no parables of sunlight here
that can explain
the tyranny of snow,
no molten metaphors to crack
dictatorships of ice.

>a land jealous of its cruelty,
>>that tolerates no rivals,
>>that allows no metrical equations
>>>with its blizzards;
>a land that paralyzes poems
>>in throats attempting paraphrases
>>of its rage.

(*The Singletree* 1975)

Le nord de l'Alberta

La poésie ici n'a point de place;
ici il n'y a point de paraboles de lumière solaire
pour expliquer
la tyrannie de la neige
point de métaphores en fusion pour crevasser
des dictatures de glace.

    pays jaloux de sa cruauté,
        qui ne tolère aucun rival,
        qui ne souffre aucune mise en équation métrique
        de ses blizzards;
    pays qui paralyse le poème
        dans la gorge qui tente de paraphraser
        sa rage.

SLIVER

You say you have a sliver
    in your throat,
chipped from my tongue
    at our last kiss.
  Don't worry:
  it will only hurt you
    when you laugh.
    (*The Singletree*, 1975.)

Echarde

Tu dis que tu as une écharde
    dans la gorge,
éclat détaché de ma langue
    lors de notre dernier baiser.
Ne t'inquiète pas:
elle ne te fera souffrir
    que quand tu riras.

Fran Jones

Fran Jones, la principale illustratice de ce numéro spécial, est née à Smiths Falls dans l'Ontario en 1916. Elle est diplômée de l'Ontario College of Art où elle a appris l'art de la gravure sous Frank Carmichael, un peintre du groupe des Sept. Elle a également eu comme maîtres Will Barnett et Stewart Klonis à la Arts Students League de New-York en 1954. Enfin, elle possède un diplôme de l'Ecole des Beaux-Arts de l'Université Queen's.

Sa première exposition organisée par la Société Canadienne d'Art Graphique eut lieu en 1949. Elue membre de cette société en 1956, elle a participé à leurs expositions annuelles à Hamilton, Winnipeg, Burnaby, aux musées des Beaux-Arts de Montréal et de l'Alberta.

En 1960, dans le cadre de la deuxième Biennale d'Art Graphique, elle a été invitée ainsi que deux autres Canadiens à exposer aux musées d'Art Moderne de Tokyo et d'Osaka. En 1966 elle a participé à la deuxième Biennale de gravures et de dessins à la Galerie Nationale d'Ottawa.

En 1967 elle a contribué plusieurs oeuvres pour l'Exposition de Gravures et de Dessins organisée dans plusieurs villes australiennes par la Galerie Nationale, à l'occasion du Centenaire de la Confédération Canadienne.

De 1969 à 1975 elle a eu plusieurs expositions de ses oeuvres au Musée des Beaux-Arts de Montréal, à l'Ontario Art Gallery à Toronto, à Ottawa (Printmakers Showcase 1969, 1974; Association of Visual Arts 1975) et à la Galerie de Brantford.

Plusieurs de ses oeuvres figurent dans la collection du Ministère des Affaires Extérieures, dans celle d'Imperial Oil et dans diverses collections particulières.

Beverley Harrison

Je suis née à Halifax en Nouvelle-Ecosse, le 30 mai 1956. Je suis étudiante de 4ème année en histoire de l'art à l'Université Carleton à Ottawa.

Beverley Harrison

Claire Guillemette-Lamirande

Claire Guillemette-Lamirande est née à Timmins, Ont., en 1938. Elle a participé en 1966-1967 à l'organisation des jeux rythmiques du Collège Notre-Dame de Sudbury, en collaboration avec le Centre Civitas Christi. Elle a obtenu son B.A. avec concentration en histoire de l'art et spécialisa-- tion en arts visuels de l'Université d'Ottawa.

Elle a exposé son "Herbier utopique" et son "Herbier en couleurs" aux endroits suivants: La Galerie de Saint-Charles de Bellechasse, Qué., la Galerie Rodrigue Le May, la Galerie 93 et la Galerie franco-ontarienne, à Ottawa, l'auberge l'Abri, au Mont Sainte-Marie, Qué.

En septembre-octobre, elle expose au Centre d'exposition L'Imagier d'Aylmer, Qué., ses aquarelles illustrant les contes franco-ontariens contenus dans le vol. I de Germain Lemieux, *Les Vieux m'ont conté*". Elle fait connaître en même temps une nouvelle piste de travail en présentant des tableaux en hommage à des femmes qui oeuvrent dans les domaines de l'art et de la littérature.

Chronologie sélective et comparative des principaux recueils de poésie publiés par les femmes-poètes canadiennes et québécoises depuis 1960

1960   Avison, Margaret, *Winter Sun*, Toronto, Un. of Toronto.
        Chantal, Alma de, *L'Etrange saison*, Montréal, Beauchemin.
        Cloutier, Cécile, *Mains de sable*, Québec, l'Arc.
        Hébert, Anne, *Poèmes*, Paris, Seuil.
        Lasnier, Rina, *Mémoire sans jours*, Montréal, l'Atelier.
        Leblanc, Madeleine, *Ombre et lumière*, Hull, Qué., Brume.
        Tremblay, Gemma, *Rhapsodie auburn*, Montréal, Beauchemin.

1961   Laberge, Marie, *Les Passerelles du matin*, Québec, l'Arc.
        Paradis, Suzanne, *La Chasse aux autres,* Trois-Rivières, Bien Public.
        Poulin, Sabine, *Vernissage*, Québec, l'Acropole.
        Roberts, Dorothy, *Twice to Flame*, Toronto, Ryerson.
        Tremblay, Gemma, *L'Aube d'ocre*, Montréal, Beauchemin.

1962   Webb, Phyllis, *The Sea is also a Garden*, Toronto, Ryerson.

1963   Blais, Marie-Claire, *Pays voilés*, Québec, Garneau.
        Kushner, Eva. *Chants de bohème*, Montréal, Beauchemin.
        Lasnier, Rina, *Les Gisants*, Montréal, l'Atelier.
        Leblanc, Madeleine, *Visage nu*, Montréal, Beauchemin.
        Lemieux-Levesque, Alice, *Silences*, Québec, Garneau.
        Paradis, Suzanne, *La Malebête*, Québec, Garneau.

1964   Blais, Marie-Claire, *Existences*, Québec, Garneau.
        Cloutier, Cécile, *Cuivre et soies*, Montréal, Jour.
        Lemieux-Levesque, Alice, *L'Arbre du jour*, Québec, Garneau.
        MacEwen, Gwendolyn, *The Rising Fire*, Toronto, Contact Press.
        Maillet, Andrée, *Elémentaire*, Montréal, Déom.
        Paradis, Suzanne, *Pour les enfants des morts*, Québec, Garneau.
        Tremblay, Gemma, *Séquences du poème*, Paris, Grassin.

1965   Brossard, Nicole, *Aube à la saison*, Montréal, A.G.E.U.M.
        Gadoury, Nicole, *Arabesques matinales*, Montréal, Nocturne.
        Laberge, Marie, *Halte*, Québec, Garneau.
        Leblanc, Madeleine, *Les Terres gercées*, Montréal, La Québécoise.
        Tremblay, Gemma, *Poèmes d'identité*, Paris, Grassin.
        Webb, Phyllis, *Naked Poems*, Vancouver, Periwinkle.

1966   Atwood, Margaret, *The Circle Game*, Toronto, Contact Press.
        Avison, Margaret, *The Dumbfounding*, New York, Norton.
        Brossard, Nicole, *Mordre en sa chair*, Montréal, Estérel.
        Gagnon, Micheline, *Le Mal de mer et paragraphes futiles*, Québec, l'Arc.
        Guimond, Madeleine, *Chemins neufs*, Québec, Garneau.
        Laberge, Marie, *D'un cri à l'autre*, Québec, l'Aile.

Lasnier, Rina, *L'Arbre blanc*, Montréal, Hexagone.
Paradis, Suzanne, *Le Visage offensé*, Québec, Garneau.
Tremblay, Gemma, *Cratères sur la neige*, Montréal, Déom.
Waddington, Miriam, *The Glass Trumpet*, Toronto, Oxford.

1967   Kogawa, Joy, *The Splintered Moon*, Fredericton, Fiddlehead.
Lacroix, Georgette, *Mortes saisons*, Québec, Garneau.
Lalonde Michèle, *Terre des hommes*, Montréal, Jour.
Livesay, Dorothy, *The Unquiet Bed*, Toronto, Ryerson.
Maillet, Andrée, *Le Chant de l'Iroquoise*, Montréal, Jour.
Malouin, Reine, *Mes Racines sont là*, Québec, Garneau.
Page, Patricia K., *Cry Ararat!*, Toronto, McClelland and Stewart.
Roberts, Dorothy, *Extended*, Fredericton, Fiddlehead.
Saint-Pierre, Madeleine, *Intermittences*, Trois-Rivières, Bien Public.

1968   Atwood, Margaret, *The Animals in that Country*, Toronto, Oxford.
Brossard, Nicole, *L'Echo bouge beau*, Montréal, Estérel.
Chantal, Alma de, *Miroirs fauves*, Québec, Garneau.
Laberge, Marie, *L'Hiver à brûler*, Québec, Garneau.
Livesay, Dorothy, *The Documentaries*, Toronto, Ryerson.
MacEwen, Gwendolyn, *A Breakfast for Barbarians*, Toronto, Ryerson.
MacPherson, Jay, *The Boatman and Other Poems*, Toronto, Oxford.
Paradis, Suzanne, *L'Oeuvre de pierre*, Québec, Garneau.
Rosenthal, Helene, *Peace is an Unknown Continent*, Vancouver, Talon Books.
Sicotte, Sylvie, *Pour appartenir*, Montréal, Déom.
Tremblay, Gemma, *Les Feux intermittents*, Paris, Grassin.

1969   Brunel-Roche, Alice, *Au creux de la raison*, Montréal, Déom.
Cloutier, Cécile, *Cannelles et craies*, Paris, Grassin.
Copithorne, Judy, *Rain*, Toronto, Ganglia.
Fiamengo, Marya, *Overheard at the Oracle*, Vancouver, Very Stone House.
MacEwen, Gwendolyn, *The Shadow-maker*, Toronto, MacMillan.
Tremblay, Gemma, *Les Seins gorgés*, Montréal, Songe.
Waddington, Miriam, *Say Yes*, Toronto, Oxford.

1970[1]   Atwood, Margaret, *Procedures for Underground*, Toronto, Oxford.
                        The Journals of Susanna Moodie, Toronto, Oxford.

---

1. Dans les années 70 on observe des changements dans les "vecteurs de publication" et de diffusion de plusieurs textes féminins et surtout féministes. Il semble qu'il y ait une certaine préférence pour des libraries des femmes ou des collectifs co-opératifs par rapport à l'édition traditionnelle. D'une façon générale l'importance que prend la diffusion des textes poétiques par les "boîtes à chansons", les cafés, les clubs paraît directement liée au problème des émergences d'autres genres de création plus proches des spectacles (par exemple Janou Saint-Denis à "la Casanous", les écrivaines de Toronto et leur spectacle poétique: "Landscape, a poetry hanging") E.V.

Brossard, Nicole, *Le Centre blanc*, Montréal, Orphée.
   Suite logique, Montréal, Hexagone.
Cloutier, Cécile, *Paupières*, Montréal, Déom.
Copithorne, Judy, *Runes*, Toronto, Coach House.
Farmiloe, Dorothy, *Poems for Apartment Dwellers,* Fredericton, Fiddlehead.
Laberge, Marie, *Soleil d'otage*, Québec, Garneau.
Lacroix, Georgette, *Entre nous...ce pays*, Québec, Garneau.
Lasnier, Rina, *La Part du feu*, Montréal, Songe.
Limet, Elisabeth, *La Voix de mes pensées*, Montréal, Les Presses Libres.
Malouin, Reine, *Poèmes en prose*, Sherbrooke, Cosmos.
Maurice, Mireille, *Longue-haleine*, Sherbrooke, Cosmos.
Musgrave, Susan, *Songs of the Sea-Witch*, Victoria, sono Nis.
   Entrance of the Celebrant, Toronto, MacMillan.
Paradis, Suzanne, *Pour voir les plectrophanes naître*, Québec, Garneau.
Poulin, Sabine, *La Chair et l'eau*, Sillery, l'Arc.
Saint-Pierre, Madeleine, *Emergence*, Montréal, Déom.

1971 Atwood, Margaret, *Power Politics*, Toronto, Anansi.
   Bosco, Monique, *Jéricho*, Montréal, HMH.
   Fiamengo, Marya, *Silt of Iron*, Montréal, Ingluvin.
   Guimond, Madeleine, *Le Manège apprivoisé*, Québec, Garneau.
   Laberge, Marie, *Reprendre souffle*, Québec, Garneau.
   Lasnier, Rina, *La Salle des rêves*, Montréal, HMH.
   Livesay, Dorothy, *Plainsongs*, Fredericton, Fiddlehead.
   Malouin, Reine, *Sphère armilliaire*, Sherbrooke, Cosmos.
   Marriott, Anne, *Countries*, Fredericton, Fiddlehead.
   Smith, Kay, *At the Bottom of the Dark*, Fredericton, Fiddlehead.
   Talbot, Michèle, *Nuit d'avril*, Québec. Garneau.
1972 Brewster, Elizabeth, *Sunshine North*, Toronto, Clarke, Irwin.
   Poems, Ottawa, Oberon.
   Brunel-Roche, Alice, *Arc-boutée à ma terre d'exil*, Montréal, Déom.
   Cloutier, Cécile, *Câblogrammes*, Paris, Chambelland.
   Copithorne, Judy, *Heart's Tide*, Vancouver, Vancouver Community.
   Farmiloe, Dorothy, *Winter Orange Mood*, Fredericton, Fiddlehead.
   Gaulin, Huguette, *Lecture en vélocipède*, Montréal, Jour.
   Gom, Leona, *Kindling*, Fredericton, Fiddlehead.
   Hamelin, Francine, *Temps éclaté*, Québec, Garneau.
   Lacroix, Georgette, *Le Creux de la vague*, Québec, Garneau.
   Lasnier, Rina, *Poèmes*, 2 tomes, Montréal, Fides.
   Lowther, Pat, *The Age of the Bird*, Burnaby, B.C., Blackfish.
   MacEwen, Gwendolyn, *The Armies of the Moon*, Toronto, MacMillan.
   Paradis, Suzanne, *Il y eut un matin*, Québec, Garneau.
   Rioux, Hélène, *Finitudes*, Montréal, Orphée.
   Rosenthal, Helene, *A Shape of Fire*, Vancouver, Talon Books.
   Saint-Denis, Janou, *Mots à dire - Maux à dire*, Montréal, Soudain.
   Thériault, Marie José, *Poèmes*, Montréal, Fides.

Tremblay, Gemma, *Souffles du midi*, Paris, Grassin.

Waddington, Miriam, *Dream Telescope*, London, Ont., Anvil.

1973   Copithorne, Judy, *Arrangements*, Vancouver, Intermedia.

Farmiloe, Dorothy, *Blue is the Colour of Death*, Fredericton, Fiddlehead.

Guimond, Madeleine, *Entre sève et mirages*, Québec, Garneau.

Guy, Marie-Anne, *L'Echo du silence*, Québec, Garneau.

Lacroix, Georgette, *Aussi loin que demain*, Québec, Garneau.

Lemieux-Levesque, Alice, *Jardin d'octobre*, Québec, Garneau.

Limet, Elisabeth, *Gel de feu*, Montréal, Lyriques.

Maurice, Mireille, *Ménutin*, Sherbrooke, Cosmos.

Musgrave, Susan, *Grave-Dirt and Selected Strawberries*, Victoria, Sono Nis.

Paradis, Suzanne, *La Voie sauvage*, Québec, Garneau.

Proulx, Luce, *Traversée luminaire*, Québec, Garneau.

Rapoport, Janis, *Foothills*, London, Ont., Killaly.

Sicotte, Sylvie, *Infrajour*, Montréal, Déom.

Waddington, Miriam, *Driving Home*, Toronto, Oxford.

1974   Atwood, Margaret, *You Are Happy*, Toronto, Oxford.

Brewster, Elizabeth, *In Search of Eros*, Toronto, Clarke, Irwin.

Brossard, Nicole, *Mécanique jongleuse*, suivi de *Masculin grammaticale*, Montréal, Hexagone.

Chiasson, Herménégilde, *Mourir à Scoudouc*, Moncton, Acadie.

Gotlieb, Phyllis, *Doctor Umlaut's Earthly Kingdom*, Toronto, Calliope.

Kogawa, Joy, *A Choice of Dreams*, Toronto, McClelland and Stewart.

Lacroix, Georgette, *Dans l'instant de ton âge*, Québec, Garneau.

Lalonde, Michèle, *Speak White - poème affiche*, Montréal, Hexagone.

Lemieux-Lévesque, *Le Repas du soir*, Québec, Garneau.

Lowther, Pat, *Milk Stone*, Ottawa, Borealis.

MacPherson, Jay, *Welcoming Disaster*, Toronto, Saannes.

Page, Patricia K., *Poems Selected and New*, Toronto, Anansi.

Rapoport, Janis, *Jeremy's Dream*, Erin, Ont., Porcepic.

Talbot, Michèle, *Cantilène*, Québec, Garneau.

Thériault, Marie-José, *Notre Royaume est de promesses*, Montréal, Fides.

1975   Brossard, Nicole, *La Partie pour le tout*, Montréal, l'Aurore.

Desautels, Denise, *Comme miroirs en feuilles*, Montréal, Noroît.

Fiamengo, Marya, *In Praise of Old Women*, Oakville, Ont., Mosaic Press/Valley.

Gagnon, Madeleine, *Poélitique*, Montréal, Les Herbes rouges.

Gom, Leona, *The Singletree*, Victoria, Sono Nis.

Guimond, Madeleine, *Les Roses bleues de la malombre*, Québec, Garneau.

Guy, Marie-Anne, *Récolte d'un âge*, Québec, Garneau.

Lemay, Jacqueline, *La Moitié du monde est une femme*, Montréal, Léméac.

Livesay, Dorothy, *Ice Age*, Erin, Ont., Porcepic.

MacEwen, Gwendolyn, *Magic Animals*, Toronto, MacMillan.

Marie, Andrée, *Voir le jour*, Montréal, Coin.

Poulin, Sabine, *Enamourée*, Québec, Garneau.

Rosenthal, Helene, *Listen to the Old Mother*, Toronto, McClelland and Stewart.

Sicotte, Sylvie, *Femmes de la forêt*, Montréal, Léméac.

Villemaire, Yolande, *Machine-t-elle*, Montréal, Les Herbes rouges.

1976   Chabot, Cécile, *Cri pour les quatre coins du monde*, Montréal, Fides

Dubois, Michèle, *Gestuelle*, Montréal, l'Arc, 1976.

Farmiloe, Dorothy, *Elk Lake Diary Poems*, Cobalt, Ont., The Highway Press.

Firestone, Catherine, *l'Age de l'Aube*, Paris, Saint-Germain-des-Prés.

                          Daydream Daughter, Toronto, McClelland and Stewart.

Lacroix, Georgette, *Vivre l'automne,* Québec, Garneau.

Lasnier, Rina, *Les Signes,* Montreal, HMH.

Leblanc, Madeleine, *J'habite une planète*, Hull, Asticou.

Lemieux-Levesque, Alice, *Vers la joie,* Québec, Garneau.

MacEwen, Gwendolyn, *The Fire-Eaters*, Ottawa, Oberon.

Malouin, Reine, *Amour-feu*, Québec, Garneau.

Musgrave, Susan, *The Impstone*, Toronto, McClelland and Stewart.

Paradis, Suzanne, *Noir sur sang*, Québec, Garneau.

Roberts, Dorothy, *The Self of Loss*, Fredericton, Fiddlehead.

Thériault, Marie-José, *Pourtant le sud*, Montréal, HMH.

Yvon, Josée, *Filles-commandos bandées*, Montréal, Les Herbes rouges.

1977   Boucher Denise, Gagnon Madeleine, *Retailles complaintes politiques,*
        Montréal, L'Etincelle.

Brewster, Elizabeth, *Sometimes I think of Moving*, Ottawa, Oberon.

Brossard, Nicole, *L'Amèr ou le chapire effrité*, Montréal, Quinze.

Chiasson, Herménégilde, *Rapport sur l'état de mes illusions*, Moncton, Acadie.

Cloutier, Sylvie, *Sous la chair d'un poème existe un monde*, Sherbrooke, Cosmos.

Desautels, Denise, *Marie, tout s'éteignait en moi*, Saint-Lambert, Noroît.

Gagné, Sylvie, *La souricière*, Montréal, Les Herbes rouges.

Guimond, Madeleine, *Dans l'aura de l'absence*, Québec, Garneau.

Harvey, Francine, *La Tombe d'un rêve*, Québec, La Basoche.

Hauser, Gwen, *Up Against the Wall Poems*, London, Ont., Pikadilly.

Kogawa, Joy, *Jericho Road*, Toronto, McClelland and Stewart.

Livesay, Dorothy, *The Woman I am*, Erin, Ont., Porcepic.

Lowther, Pat, *A Stone Diary*, Toronto, Oxford U.P.

Musgrave, Susan, *Selected Strawberries and Other Poems*, Victoria, Sono Nis.

Saint-Denis, Janou, *Place aux poètes*, Montréal, Soudain.

Théoret, France, *Bloody Mary*, Montréal, Les Herbes rouges.

Villemaire, Yolande, *Que du stage blood*, Montréal, Cul-Q.

Yvon, Josée, *La Chienne de l'hôtel Tropicana*, Montréal, Cul-Q.

1978   Atwood, Margaret, *Two-Headed Poems*, Toronto, Oxford.

Gagnon, Madeleine, *antre*, Montréal, Les herbes rouges

Gotlieb, Phyllis, *Work: Collected Poems*, Toronto, Calliope.

Hauser, Gwen, *The Ordinary Invisible Woman*, Fredericton, Fiddlehead.
Paradis, Suzanne, *Poèmes, 1959-1960-1961*, Québec, Garneau.
Théoret, France, *Une voix pour Odile*, Montréal, Les Herbes rouges.